中国传统文化传播视域下的对外汉语教学研究

鲁馨遥 ◎ 著

中华工商联合出版社

图书在版编目（CIP）数据

中国传统文化传播视域下的对外汉语教学研究／鲁馨遥著. -- 北京：中华工商联合出版社，2021.9
ISBN 978-7-5158-3110-7

Ⅰ.①中… Ⅱ.①鲁·· Ⅲ.①对外汉语教学-教学研究 Ⅳ.①H195.3

中国版本图书馆 CIP 数据核字（2021）第 181298

中国传统文化传播视域下的对外汉语教学研究

作　　者：鲁馨遥
出 品 人：李　梁
责任编辑：于建廷　效慧辉
封面设计：童越图文
责任审读：傅德华
责任印制：迈致红
出版发行：中华工商联合出版社有限责任公司
印　　刷：三河市海新印务有限公司
版　　次：2021 年 9 月第 1 版
印　　次：2021 年 9 月第 1 次印刷
开　　本：710mm×1000 mm　1/16
字　　数：200 千字
印　　张：14.5
书　　号：ISBN 978-7-5158-3110-7
定　　价：78.00 元

服务热线：010-53301130-0（前台）
销售热线：010-53301132（发行部）
　　　　　010-53302977（网络部）
　　　　　010-53302837（馆配部、新媒体部）
　　　　　010-53302813（团购部）
地址邮编：北京市西城区西环广场 A 座
　　　　　19-20 层，100044
http://www.chgslcbs.cn
投稿热线：010-58302907（总编室）
投稿邮箱：1621239583@qq.com

随着我国在国际舞台上发挥的影响力越来越重要，汉语也开始受到越来越多的外国人关注，汉语学习人群不断扩大。如今在国内很多高校都开设了对外汉语教学课程，在国外，有孔子学院。总之，对外汉语教学，已经发展到一个新的时期，吸引了众多学习者。对外汉语教学的根本目的，是帮助汉语学习者掌握汉语的交流方法，能够读懂中国字，说清中国话。语言本身作为文化的一种载体，在对外汉语教学中，除了要教授基本的汉语知识之外，还需要注重采取合适的方法和策略，融入我国的传统文化，以提高汉语语言教育和传统文化相互融合、相互促进。

本书在第一章中对对外汉语教学的历史与现状进行了概述，介绍了对外汉语教学的发展历程、现实描述、对象与内容、前景展望等；第二章从中国传统文化入手，论述了其对于对外汉语教学原则、特点及测试评估的影响；第三章总结了中国传统文化影响下的对外汉语教学的手段和方法；第四章到第七章则对对外汉语教学的内容进行了细致介绍，主要介绍的课型有口语课、阅读课和写作课。在介绍的过程中不仅明确了每类课型的教学目标和原则，还为每类课型的实践或练习方式提供一定的指导；第八章将信息时代与对外汉语教学相联系，介绍了计算机在对外汉语教学中的辅助作用，进一步体现了对外汉语教学专业的创新性；第九章则是结合时代发展，分析了中国传统文化影响下的对外汉语教师的素质培养。

在写作过程中笔者参阅了大量的相关专著及论文，在此对相关文献的作者表示感谢。由于写作水平有限，书中难免存在不妥之处，敬请各位专家、读者批评指正。

作者

2021 年 8 月

目 录

第一章

历史与现状：对外汉语教学概述

第一节　对外汉语教学的发展历程

　　中华民族同世界各民族友好往来的历史有多久，对外汉语教学的历史就有多久。中国同世界各国交往的密切程度，以及国力的强弱，直接影响着对外汉语教学的兴衰。西汉时，我国周边的部族就有人来当时的长安学习汉语。而中国真正对外国人进行汉语教学的历史可以追溯到东汉。至唐代，由于国力强盛，世界上许多国家都派留学生来中国学习，如日本派遣了十几次"遣唐使"，每批几百人；新罗统一朝鲜半岛后，也派遣留学生到长安，每批有百余人。以后的各个朝代也都有留学生来中国学习，其中《老乞大》《朴事通》等就是明初教朝鲜人学习汉语口语（北京口语）的教材。而明末金尼阁的《西儒耳目资》和清末威妥玛的《语言自迩集》可算当时影响较广的汉语教材。民国期间，出现少量交换留学生，当时也有许多知名学者先后从事过对外汉语教学或相关工作。如老舍先生在1924-1929年间，在英国伦敦大学东方学院担任汉语讲师，他当年讲课的录音，至今还保存在伦敦。

虽然对外汉语教学的历史可以追溯很早，但直至中华人民共和国成立以后，对外汉语教学才逐渐成为一门学科和一项语言教育事业。目前这项事业正以崭新的姿态面向世界，迎接未来。

对外汉语教学事业从 20 世纪 50 年代初开创至今，已有多年的历史。这么多年来，对外汉语教学事业大体经历了以下几个发展阶段。

一、初创阶段（20 世纪 50 年代初期— 20 世纪 60 年代初期）

1950 年，当时东欧的捷克斯洛伐克和波兰分别向中国提出交换留学生的要求。我国决定同这两国各交换 5 名留学生，同时又主动同罗马尼亚、匈牙利、保加利亚、朝鲜等国各交换 5 名留学生。为此，教育部在清华大学设立了东欧交换生中国语文专修班，共接受了来自东欧国家的 33 名留学生。清华大学"东欧交换生中国语文专修班"是我国第一个专门从事对外汉语教学的机构。该班于 1951 年初正式上课，学制两年。著名语言学家吕叔湘任清华大学外籍留学生管理委员会主席并兼管专修班的业务工作，任课教师有 6 名，包括曾在美国和英国教过汉语的邓懿、王还。1952 年暑假期间，由于全国高等学校院系调整，该班调到北京大学，更名为"北京大学外国留学生中国语文专修班"。班主任是北京大学教务长周培源，副主任是郭良夫。

1953 年，立越南的要求，中国政府在广西桂林开办了专门培养越南留学生的中国语文专修学校，同时也接受一批朝鲜留学生。该校于 1957 年停办。

1960 年 9 月，我国政府在北京外国语学院设立了非洲留学生办公室，接收获得民族独立的非洲国家留学生。

1961 年，非洲留学生办公室同北京大学外国留学生中国语文专修班合并，改名为"北京外国语学院外国留学生办公室"。这样，除北京大学尚未结业的留学生仍留在原校学习外，其他学习汉语的留学生和大部分对外汉语教师集中到了北京外国语学院。1961 年，我国在校留学生总数为

471 人。

从 1951 年至 1961 年，我国共接受 60 多个国家的留学生 3，315 人。他们接受的都是汉语预备教育，首先学习一至两年的汉语，然后分配到有关院校学习专业。

除了正规的学校教育外，其他形式的对外汉语教学有：对驻华外交人员的汉语教学，向越南、匈牙利、保加利亚等国派遣汉语教师（1952 年，根据政府间协议，著名语言学家朱德熙等人首次赴保加利亚教授汉语，这是新中国成立后我国向海外派遣教师教授汉语的开始），开创了刊授或函授教学（《中国建设》杂志于 1955 年开设了"中文月课"，厦门大学 1956 年创办了华侨函授部）。

为满足出国师资的需求，从 1961 年开始，中国高等教育部从一些大学中文系挑选优秀应届毕业生到北京外国语学院和北京大学进修外语，期限三年，作为储备出国汉语师资。这是我国专门培养对外汉语师资的最初模式——中文加外语。由于培训的只是外语，还得不到全面的对外汉语教学的专业培训。

总之，初创阶段奠定了我国对外汉语教学事业的基础，其主要特点是：从无到有，成立了专门的教学机构；初步建立了预备教育体系，除学校教育外，发展了刊授、函授及对驻华外交人员的汉语教学，并向国外派遣汉语教师；培养了一支具有一定外语水平的对外汉语师资队伍。存在的问题是：教学机构不够稳定；教学类型单一，主要是汉语预备教育；教学规模相对较小。

这一阶段，对外汉语教学理论的研究已经开始，能见到的最早的论文是周祖谟的《教非汉族学生学习汉语的一些问题》（《中国语文》1953 年第 7 期）。教学理论研究的主要成就是：一开始便明确了对外国人和外族人的汉语教学不同于对我国汉族学生的"语文"教学，指出要针对非汉族成年人学习"汉语"的特点进行教学；明确了对外国人和非汉族人的汉语教学是培养他们实际运用汉语的能力；指出结合汉语教学需要加强汉语研究的必要性。

受教学理论的影响，初创阶段对外汉语教学法的主要特点是：把传授语言知识和培养应用汉语的能力放在同等重要的地位；基本的词汇教学和比较系统的语法知识的讲授是教学的重点，以帮助学生在理解的基础上学习和掌握语言，所以课堂教学基本上采用演绎的方式；语法教学的特点是句本位和结构形式分析；技能训练上，从培养口语能力入手，逐步过渡到阅读和写作，培养学生的四会能力；教学方法多样，有翻译法、比较法、直接法等。由于当时对教学法还缺少全面的研究，在具体操作上存在一定的重知识讲授轻语言实践的倾向，也确实有带翻译唱双簧的情况。此外，交际文化基本上没有涉及。

1958 年正式出版的我国第一部对外汉语教材《汉语教科书》，以语法为主线，按照由浅入深、循序渐进的原则编排，为建立"对外汉语教学语法"体系奠定了基础。该教材集中体现了本阶段的教学理论和教学方法。

二、巩固和发展阶段（20 世纪 60 年代初期—20 世纪 60 年代中期）

20 世纪 60 年代以后，随着我国国际地位的提高，我国接受外国留学生和向国外派遣留学生的规模都需要扩大。为加强统一领导和集中管理，1962 年，经国务院批准，北京外国语学院外国留学生办公室和出国留学生部合并，成立了"外国留学生高等预备学校"。该校的成立使我国的对外汉语教学有了一个稳定的基地，是对外汉语教学事业发展的重要标志。由于外国留学生高等预备学校的任务进一步扩大，除了对外国留学生进行汉语预备教育外，还试办汉语翻译专业；1964 年开始，培养储备出国汉语师资的任务也转到这里。因此，高教部决定于 1965 年 1 月将该校正式改名为"北京语言学院"（1996 年易名为"北京语言文化大学"，2002 年改为"北京语言大学"）。迄今为止，该校仍是我国唯一的一所以对外汉语教学与研究为主要任务的高等学校，它在教学、科研、师资培养和学术交流等方面一直发挥着基地、骨干和带头作用。

1965 年暑期，越南政府向我国派遣了 2,000 名留学生。这些学生被分到北京语言学院、北京大学、中国人民大学等 23 所高校接受汉语预备教育。这样，初步形成了以北京语言学院为中心，包括全国几十所高校有关教学单位的对外汉语教学机构。受高教部的委托，北京语言学院于 1965 年暑期为 22 所院校准备教授越南留学生的教师举办了培训班，这是我国第一次举办全国性的对外汉语教师培训班，对我国以后的对外汉语教学起了很大的推动作用。

从 1962 年到 1965 年，我国共接受外国留学生 3，944 名，超过了前 11 年的总数。1965 年底在校留学生达到 3，312 人，为 1961 年在校生的 7 倍多。为了加强各院校对外汉语教学经验的交流，高教部决定由北京语言学院创办《外国留学生基础汉语教学通讯》，这是我国第一个对外汉语教学的专业刊物，于 1965 年创刊，共出版了 11 期。

本阶段其他教学形式也有所发展。中国国际广播电台于 1962 年开办了"学中国话"和"汉语讲座"节目；厦门大学华侨函授部于 1962 年扩充为"海外函授部"；向外国派遣汉语教师的人数和对象国也有所增加，对象国包括非洲的埃及、马里、刚果，亚洲的柬埔寨、也门，欧洲的法国等。

当时的师资培养有了另一种模式。1964 年 5 月，在北京语言学院设立了"出国汉语师资系"，开始招收本科生，独立培养专门的对外汉语师资。由于认为从事对外汉语教学主要的业务条件是既懂中文，又懂外语，所以教学内容是一部分中文专业课程和一部分外语专业课程的组合。

总之，从 1962 年到 1966 年上半年短短的几年内，我国的对外汉语教学事业得到了巩固，并出现了良好的发展势头：教学规模不断扩大，学生数量大量增加；有了稳定的教学机构，以北京语言学院为基地，教学点遍布全国；教学类型上，在巩固、发展汉语预备教育的同时，又增加了汉语翻译专业；形成了以学校教育为主，辅以多种教学形式的教育体系；师资队伍不断扩大，1961 年和 1962 年入学的储备出国汉语师资先后完成了外语进修任务，走上了工作岗位，专业刊物的创办为教学与科研提供了获取信息的平台。

这一阶段，对外汉语教学理论研究的重点是总结新中国成立以来的教学经验，钟侵的《十五年汉语教学总结》（《语言教学与研究》1979 年第 4

期）反映了这一点。在总结经验的基础上，进一步明确教学的特点、教学要求和教学原则，努力促进教材、课堂教学方法等向规范性的方向发展。比如提出：教学内容与学生专业相结合的学以致用的教学要求；"精讲多练、课内外结合"的实践性教学原则；"语文并进"，全面训练听说读写，阶段侧重的教学安排；语法的系统性与课文的生动性相结合的教材编写方式；尽可能使用汉语进行课堂教学的相对直接法。

本阶段的教学法随着理论研究的深入做了一些改进，进入了改进阶段，其主要特点是：加强了教学的针对性，教学内容结合理工科学生专业学习的需要；贯彻实践性原则，实行"精讲多练"，将听说技能的训练放到语言教学的首位，课堂教学基本上采用归纳的方式；教学方法改用了相对直接法，在必要时才使用学生的母语。但这一阶段以传授系统语法为中心的局面并没有改变，整个教学还带有过分倚重局部经验，偏于主观、保守的倾向。

本阶段还编写了《基础汉语》，直至1971年修改后才正式出版，1972年又出版了和它相衔接的《汉语读本》。这套教材突出和强调了实际语言在教材中的地位，是"实践性原则"和"相对直接法"的直接体现。教材在语法解释、词语例解、近义词例解等方面取得了较大的成就，但它的交际性、知识性、趣味性和实用性尚不够理想。

1966年受历史情况的影响，所有的高等院校被迫停课，北京语言学院也于1968年开始停课，于1971年被宣布撤销，其他形式的对外汉语教学都被迫中断了。只有《中国建设》上的"中文月课"和对驻华外交人员的汉语教学得以幸存，向国外派遣教师的工作也没有完全中断。

三、恢复阶段（20世纪70年代初期—20世纪70年代后期）

20世纪70年代初，国际形势发生了变化，我国在对外关系上有了较大进展。1971年10月中国在联合国的合法地位得到恢复。1972年2月美国总统尼克松访华，中美签署了《上海联合公报》。同年9月中日双方发表联合声明，实现邦交正常化。1973年12月联大第28届会议一致通过把汉语列为大会和安理会的工作语言之一。

此时部分高等学校已恢复招生，许多因历史原因中断在华学习的留学生要求复学。1972 年有 40 多个国家要求向我国派遣留学生。1972 年 6 月，北京交通大学首先接受了 200 名坦桑尼亚、赞比亚铁路专业技术人员，并教授汉语。1972 年 10 月，周恩来总理亲自批示恢复北京语言学院。经过半年多的紧张筹备，北京语言学院于 1973 年秋季开始招生。当年共接受 42 个国家的 383 名学生。该校同时成立了我国第一个从事对外汉语教材编写和对外汉语教学研究的机构——编辑研究部。同时，北京大学、复旦大学等一批院校也陆续成立对外汉语教学机构，为在本校学习专业课的留学生补习汉语。由于历史原因的严重冲击，当时的对外汉语教学在各方面都面临着重重困难，接受留学生的能力还是非常有限。从 1972 年至 1977 年，我国共接受留学生 2，266 名，1977 年在校留学生总数为 1217 人。来自日本和欧美的学习文科专业的学生比例明显上升。

本阶段其他形式的对外汉语教学也得到了恢复。中国国际广播电台于 1973 年和 1976 年分别恢复了"汉语讲座"和"学中国话"节目。

师资力量不足是本阶段我国对外汉语教学所面临的最突出的问题。为了帮助一些新教师尽快提高业务水平和教学能力，北京语言学院举办了多期时间长短不等的对外汉语教师培训班，为我国对外汉语教学事业的恢复和发展作出了贡献。

这一阶段的对外汉语教学理论研究更加深入，论文主要发表在《语言教学与研究》上，如吕必松的《汉语作为外语教学的实践性原则》、杨俊萱的《课堂教学的"死"与"活"》、郑万鹏的《怎样对留学生进行〈文章选读〉课教学》、林煮的《语音教学和字音教学》、石佩文和李继禹的《听力训练在语言教学中的作用》，等等。理论研究的主要特点是：侧重于研究解决教学中的具体问题，对课堂教学开始从总的教学原则、具体课型的教学、语言内容的教学和语言技能的训练等不同的角度进行研究；注意把理论研究、教学试验和总结实践经验结合起来；加深了对实践性原则的认识，明确了实践性原则不但要体现在课堂教学中，而且要体现在教材中，要贯穿在整个教学体系中；在论述具体教学问题时，较多地受到"听说法"及其理论基础——结构主义语言学和行为主义心理学"刺激反映"理论的影响，比如在对语言技能训练的认识上，基本倾向是主张加强听说训练。但研究范围仍显偏狭，未上升到学科建设的高度，局限于教学原则和课堂教学的范围之内。

1977 年出版的《汉语课本》首先结合句型教学，把句型、课文和语法结合起来。试验结果表明，结合句型进行教学有利于加强听说训练，有利于提高学生的口头表达能力。但由于教材内容的政治色彩过于浓厚，不利汉语基础教学。1980 年出版的《基础汉语课本》是到那时为止按照结构法的路子编写的一部最成熟的教材，它以结构为纲，以常用句型为重点，通过替换等练习使学生掌握语法点，通过课文训练学生综合运用汉语的能力。

四、蓬勃发展阶段（20 世纪 70 年代末以后）

党的十一届三中全会决定实行改革开放，随之在世界上掀起了一股"中国热"，"中国热"又引起了"汉语热"。对外汉语教学事业在这样一个大环境中获得蓬勃的发展。

（一）建立了国家专门的领导管理机构

随着对外汉语教学的迅速发展，迫切需要加强统一领导，并对各方面的工作进行协调。1987 年 7 月，国务院批准成立了国家对外汉语教学领导小组，统一领导和协调全国的对外汉语教学工作，由国家教委归口管理。其任务是：①在国务院的领导下，负责制定国家开展对外汉语教学工作的方针政策、发展战略、事业规划以及有关规定；②审定在汉语教学方面的援外计划和对外交流与合作的大项目；③协调有关部委和省、自治区、直辖市的对外汉语教学工作；④领导中国对外汉语教学学会；⑤处理对外汉语教学工作中的重大问题；⑥审核对外汉语教学专项经费预算。领导小组成员由国家教委、国务院侨务办公室、国务院外事办公室（后改为国务院新闻办公室）、外交部、广播电影电视部、文化部、新闻出版署、国家语言文字工作委员会以及北京语言学院等单位有关领导组成。历任组长均由国家教委（教育部）的负责人担任，日常工作由其常设机构国家对外汉语教学领导小组办公室（简称"国家汉办"）负责。国家对外汉语教学领导小组的成立及其后所做的大量工作，极大地推动了我国对外汉语教学工作的发展。

另外，2000 年《中华人民共和国国家通用语言文字法》中规定对外汉语教学应当教授普通话和规范汉字。这是我国第一个涉及对外汉语教学的国家法律。

（二）拥有了较为完善的教学体制

学校教育除了汉语预备教育有了进一步发展以外，又有了一些新的教学类型。

首先是出现了学历教育。

1978 年，北京语言学院正式创办了外国留学生四年制现代汉语本科专业（1975 年开始试办），主要培养汉语教师、翻译和汉语研究人才，其后南开大学、南京大学、复旦大学等院校也相继设立该专业；1996 年北京语言文化大学又开设了外国留学生四年制中国语言文化本科专业，培养通用型语言文化人才；近年来，不少学校都招收汉语言专业外国留学生本科生。

1986 年，北京语言学院经批准开始招收现代汉语专业外国硕士研究生；1997 年，北京语言文化大学建立了对外汉语教学课程与教学论硕士专业以及带有对外汉语教学方向的语言学及应用语言学博士专业，1999 年开始招收攻读对外汉语教学方向博士学位的外国留学生，随后北京师范大学、中山大学、上海师范大学等院校也开始招收攻读该方向博士学位的外国学生。这样，对外汉语教学学科有了从学士学位到博士学位的完整的学历教育体系。

其次是非学历教育有了新的类型。

一是开办短期进修班。1978 年，北京语言学院创办了短期汉语进修班。从 1980 年开始，这种短训班迅速发展到了全国。其期限一般 4 至 16

周，少则一两周不等，按学生汉语程度编班，教学与旅游相结合。

二是接收高级进修生。有些院校接受一些国家的大学中文系或中文专业的学生前来进修，也有些院校根据外国实业机构或友好团体的委托，为他们派遣的高级进修生举办进修班。这些来华进修汉语的学员大多已具有一定的汉语水平。

（三）研制并推行汉语水平考试

1984 年，受教育部委托，初、中等汉语水平考试（以下简称 HSK）开始研制，1985 年设计出第一套试卷并在外国留学生中进行测试。1986 年 HSK 正式列入国家教育委员会 1986 年度博士专项基金项目，6 月 26 日首次 HSK 在北京语言学院举行。1988 年 9 月《汉语水平考试等级标准和等级大纲》通过专家鉴定。1989 年 10 月，HSK（初、中等）在北京、上海、天津、南京、广州、大连、武汉等地举行。1990 年 2 月，HSK 正式通过专家鉴定，6 月 25 日，第一次正式的 HSK 同时在北京、天津、上海、大连四地举行，391 名外国考生参加了考试。1991 年 6 月、10 月、12 月分别在新加坡、澳大利亚、日本进行了 HSK 的测试。1992 年，HSK 被正式确定为国家级考试。1994 年 6 月，HSK 分别在德国汉堡、意大利米兰和法国巴黎举行，HSK 首次推向欧洲。1989 年 HSK（高等）开始研制，1993 年 7 月通过专家鉴定，同年 12 月在新加坡正式举行了考试。HSK（基础）于 1995 年开始研制，1997 年 11 月正式通过专家鉴定，1998 年 1 月和 5 月分别在中国北京、天津、大连、广州和法国巴黎、波尔多举行。

1995 年，国内 HSK 考点 19 个，海外考点 23 个，全年 HSK 考生 12，610 人。1996 年，国内考点 27 个，分布在 18 个城市，海外考点 24 个，分布在 16 个国家和地区，全年 HSK 考试考生 22，445 人。当年还出版了《汉语水平考试语法大纲》。1998 年，HSK 考生总计 41，000 多名（其中国内 35，000 名，国外 6，400 名），海外考点 34 个，分布在 18 个国家和地区。1999 年，HSK 在国内 37 个考点和国外 18 个国家和地区的 34 个考点实施，全年国内考生 63，849 人，国外考生 6，833 人。2000 年，海外考点 47 个，分布在 21 个国家和地区，国内共有 37 个考点，分布在 21 个省、市、自治区，全年 HSK 考生达 81，674 人（其中国内 73，347 人，国外 8，327 人）。2001 年，HSK 在海外进一步扩大，海外考点 55 个，分布在 24 个国家和地区，国内共有 44 个考点，分布在 27 个省、市、自治区，国内考生达 23，951 人（不包括少数民族参加人数），国外 12，829 人。2002 年，国外 HSK 考生近 2 万人，国内近 4 万人。到 2004 年国内 HSK 考点已经有 59 个，海外考点已经有 90 多个。

（四）开展较为广泛的国际交流

在大量留学生进入我国学习汉语的同时，由于世界汉语教学的发展和对外汉语教师需求量的增加，我国派出汉语教师的数量也在逐年增加。以 1987 年为例，我国通过政府渠道共派遣了 143 名汉语教师和汉语教学专家到 36 个国家的 69 所院校或机构从事汉语教学工作。近年来，派出人数大大增加。派出人员中除了从事汉语教学外，还有担任国外政府汉语教学顾问、帮助设计汉语课程和制订汉语教学大纲、主持或参加教材编写工作、培训国外的汉语师资、为电台或电视台制作汉语教学节目等一系列工作。

除政府渠道派出汉语教师以外，还有互派代表团、国外企业邀请、校际交流、应邀参加一些大型的国际汉语教学讨论会及邀请外国学者来华讲学等其他形式的交流。比如：1980 年美国派代表团在北京举行首次中美汉语教师交流会；从 1980 年起，日本广播协会（NHK）先后聘请我国中央人民广播电台播音员虹云、雅坤、王欢等，参加 NHK "中国语讲座"；1984 年以来，我国一些大学同国外的一些大学建立了校际合作关系，互派学者和留学生；20 世纪 80 年代，著名语言学家路易·G·亚历山大（Louis G. Alexander）、黎天睦（Timothy Light）等曾被邀请来北京语言学院讲学；1989 年 12 月，以朱德熙为团长、主要由对外汉语教师组成的中国语言学代表团一行 23 人参加了在新加坡举行的世界华文教学研讨会。诸如此类的交流日益频繁。

（五）确立对外汉语教学学科

1978 年，在中国社会科学院召开的北京地区语言学科规划座谈会上，吕必松提出应当把对外国人的汉语教学作为一个专门的学科，应当在高校中设立培养这类教师的专业，并成立专门的研究机构。这一意见得到了广泛的支持。为开展对外汉语教学的学科建设，我国政府、有关院校，以及广大对外汉语教学工作者进行了长期的努力。

（六）创立专门学术团体、学术机构和科研机构

为使对外汉语教学学科得以蓬勃发展，对外汉语教学界创立了专门的学术团体、学术机构和科研机构。

1983 年 6 月成立了中国教育学会对外汉语教学研究会，其宗旨是："团结全国对外汉语教学工作者，推动本学科的理论研究，促进国内外的学术交流。"第一任理事长是吕必松。1986 年改属新成立的中国高等教育学会，名称改为中国高等教育学会对外汉语教学研究会；1988 年又从中国高等教育学会独立出来，改名为中国对外汉语教学学会，秘书处设在北京语言学院。截至 2001 年年底，该学会共有会员 1，257 多人，至 2001 年 7 月共举行了七届学术讨论会，组织过多次国内外学术交流活动，并于 1996 年先后成立了该学会的北京、华东、华北、华南、东北五个地区分会。

为了加强世界各地汉语教学与研究工作者之间的联系，推动世界汉语教学与研究的发展，1987 年在北京举行第二届国际汉语教学讨论会期间，各国代表协商成立了世界汉语教学学会，首任会长为朱德熙。截至 2001 年年底，学会共有 1，023 名会员，其中中国大陆地区 430 名，港澳台地区 92 名，海外 33 国共 501 名。国际汉语教学讨论会每三年一届，至 2002 年 8 月已召开了七届国际汉语教学讨论会。

（七）创办专业刊物，成立专业出版社

为推动对外汉语教学事业的发展，有关部门创办了专业刊物，成立了专业出版社。1979 年 9 月，北京语言学院于 1977 年创办的内部刊物《语言教学与研究》正式出版，公开发行。该刊是我国第一个对外汉语教学的专业刊物。1984 年初，对外汉语教学研究会创办了会刊《对外汉语教学》（内部刊物），共出版了 8 期。1987 年 3 月，对外汉语教学研究会与北京语

言学院语言教学研究所共同创办了《世界汉语教学》，出版预刊两期后，于同年9月转为世界汉语教学学会会刊。该刊与《语言教学与研究》均以其较高的学术质量在国内外产生了广泛的影响。1987年8月，北京语言学院创办了以外国留学生为主要对象的刊物《学汉语》。1993年又创办了《中国文化研究》。

此外，国家语言文字工作委员会有《语言文字应用》，延边大学有《汉语学习》，云南师范大学有《对外汉语教学与研究》，上海师范大学有《对外汉语研究》，还有一部分大学学报也开辟了对外汉语教学研究的专栏或出版专刊。暨南大学华文学院、厦门大学海外教育学院等定期出版华文教学和研究的刊物，北京大学、中国人民大学、北京语言大学、南开大学、复旦大学、华东师范大学、上海外国语大学等则经常出版对外汉语教学研究专辑。

为了加强对外汉语教材与有关的工具书和教学参考书的编写出版工作，本阶段还成立了专门的出版社。1985年2月，成立了北京语言学院出版社。1986年1月，成立了华语教学出版社。另有一些大学的出版社和商务印书馆、上海教育出版社、语文出版社等也十分重视对外汉语教学用书的出版。

（八）开始培养专职对外汉语师资

以前对外汉语教师的培养是以一部分中文专业课程和一部分外语专业课程相组合的方式进行的，但这两类课程的组合不可能完全形成对外汉语教学所需要的知识结构和能力结构。

经教育部批准，一批院校相继开设了对外汉语本科专业，以培养专职对外汉语教师。该专业的主要特点是根据对外汉语教学对教师知识结构和能力结构的要求设计课程和确定教学内容。1983年，北京语言学院首先开设了这一专业。后来，北京外国语学院、上海外国语学院、华东师范大学、暨南大学等院校也开设了这一专业，目前有近10所大学设立了对外汉语本科专业。

1986年，北京大学和北京语言学院开始培养对外汉语专业的硕士研究生。此后，南于大学、南京大学、四川大学、华东师范大学、上海师范大学等院校也相继开始招收这一专业的研究生。

1992 年至 1995 年，北京语言学院从中文系和外语系毕业生中招收了四届对外汉语教学第二学士学位生。

1997 年在北京语言文化大学建立了全国第一个对外汉语教学课程与教学论硕士专业，并获准建立了全国第一个带有对外汉语教学方向的语言学及应用语言学博士学位点。这样，对外汉语的师资培养有了从本科到博士研究生的完整的学历教育体系。

同时，为了帮助在岗对外汉语教师完善知识结构和能力结构以及补充新知识，本阶段加强了对国内外在岗对外汉语教师的培训工作。据统计，自 1987 年至 1998 年底，北京语言文化大学共举办了 85 期汉语教师培训班，培训了海外 30 多个国家和地区、内地 60 多所大学的汉语教师共 1,700 多名。另有部分高校也承担了主要是海外的师资培训工作。近年来，派到海外进行讲学、培训汉语师资的工作也从东南亚等周边国家发展到美国、加拿大等地。本阶段还通过邀请外籍专家来华讲学，选派在职教师进修一部分本科或研究生课程，以及出国进修等形式来提高我国对外汉语教师的业务素质和理论水平。

为了使我国对外汉语教师的管理和培养进一步规范化和制度化，推动对外汉语教师素质的提高，1990 年原国家教育委员会颁布了《对外汉语教师资格审定办法》。1996 年，重新修订了《〈对外汉语教师资格审定办法〉实施细则》，使对外汉语教师资格审查工作更加科学和规范。自 1991 年以来，全国已有近 3,000 人通过了对外汉语教师资格审定考试，获得了对外汉语教师资格证书。从 2005 年起对外汉语教师资格证书将改为对外汉语能力证书，相信今后会有更多的海内外人士获得这项证书。

（九）从学科建设的高度开展教学理论研究

这一阶段是真正把对外汉语教学作为一门专门的学科，从学科建设的高度开展教学理论研究。论文主要发表在《语言教学与研究》《世界汉语教学》《语言文字应用》《汉语学习》《对外汉语教学与研究》等刊物，以及对外汉语教学学会的学术讨论会论文选和国际汉语教学讨论会的论文选、部分高校出版的对外汉语教学研究专辑上。

20 世纪 80 年代我国对外汉语教学理论研究的主要特点为：

第一，进行了对外汉语教学的宏观研究。主要是：①论述了本学科的性质和特点。明确了对外汉语教学既是一种第二语言教学，又是一种外语教学，而汉语本身的特点又决定了汉语作为第二语言和外语教学也有别于其他第二语言和外语教学。②提出了学科建设的任务。认为所面临的最紧迫的任务是进一步改革和完善教学体系，加强理论研究，加强教师队伍建设。③提出了总体设计理论。认为语言教学的全过程可以归结为四大环节，即总体设计、教材编写、课堂教学和测试。总体设计的内容和程序是：根据教学对象的学习目的确定培养目标和教学要求；根据培养目标和教学要求确定教学内容；根据学生的自然状况、教学要求和教学内容确定教学法原则；根据教学要求、教学内容和教学法原则确定教学途径。

第二，对教学过程的各个环节和各项教学活动展开了全面的研究。

第三，对教学法原则的研究进一步深化。主要进展是：①引进了"交际性原则"的概念。认为从语言教学的本质看，交际性原则应高于实践性原则。

②揭示了语言内容、语言技能、交际技能及文化背景知识的相关性和一致性。

③提出了结构、情境及功能相结合的原则。

第四，提出了用不同的方法训练不同的语言技能。这有利于帮助人们认识语言内容的传授和语言技能的训练两者之间的区别，增强训练语言技能的意识。

20 世纪 90 年代以后，教学理论进一步深化，教学理论逐渐引进了社会语言学、心理语言学、认知心理学、教育学、教育统计学、社会学、文化学、跨文化交际学等相关学科的理论成果并借鉴了这些学科的研究方法，探讨体现了本学科特点的研究方向。

（十）基础理论研究得到了重视

本阶段，语言理论、语言学习理论、文化理论等与对外汉语教学相关的基础理论得到了重视，为对外汉语教学理论的研究奠定了坚实的基础。

对语言现象具体深入的描写，能帮助学生理解和掌握语言。本阶段开始重视与对外汉语教学相关的语言研究，如汉字的研究、汉字与拼音文字的比较、汉语语音的研究、词汇研究、句型研究、话语分析研究和病句分析等，并有一大批科研成果问世，如《现代汉语频率统计与分析》《现代汉语句型统计与研究》《计算机辅助汉语教学系统及基本汉语规范研究》等。

研究语言学习理论就是要揭示语言学习的客观规律。20 世纪 80 年代，对外汉语教学领域引进了国外中介语理论，并运用该理论对外国人学习汉语过程中的错误进行分析。这是我国中介语理论研究的开端。同时还对学习者的学习态度、学习策略、教学中难易度的把握等进行了初步的研究。

语言是文化的载体。本阶段对外汉语教学研究中出现了有关论述语言和文化的差异、语言和文化的关系等有关文章。不少论文涉及语言教学与文化背景、文化差异、文化导入、文化心理、思维方式等一系列问题。1994 年底召开的对外汉语教学定位、定性、定量座谈会，可以说是 90 年代初期对外汉语教学界开展语言与文化大讨论的总结。

（十一）教学法研究开始深入、全面的发展

这一阶段对外汉语教学理论的深化，促使对外汉语教学法的研究开始深入、全面的发展，进入了改革阶段。最重要体现在以下方面。

1. 引进功能法，探索结构与功能相结合的教学路子

功能法于 20 世纪 70 年代中期传到我国，到 20 世纪 70 年代末和 80 年代初，我国对功能法的介绍越来越多。我国对外汉语教学界在整个 70 年代进行的探索中得到的启发和积累的经验，特别是对培养交际能力的重要性的认识，跟功能法的基本原则是相一致的，所以这种方法介绍到中国以后，很快就受到了对外汉语教学界的重视。对外汉语教学法研究的主要问

题是继承以往教学法的优点，借鉴功能法的长处，结合对外汉语教学特点，形成一套更符合汉语特点的教学法体系。因此，从 20 世纪 70 年代末到 80 年代末的教学法实际上是集传统翻译法、听说法（句型法）、直接法、功能法等于一体，以"结构—功能法"（或"结构—情景—功能法"）为主的多层次教学法。而结构与功能相结合，以及如何进行结合的研究和探索成为当时从学术讨论到教材编写的热点。第一部吸收功能法优点的教材是北京语言学院语言教学研究所负责编写、由商务印书馆 1981 年出版的《实用汉语课本》。而第一部体现纯功能方式的对外汉语教材是 1980 年在南京大学校为油印试用的《说什么和怎么说》。

从 20 世纪 80 年代中期开始，对外汉语教学中的文化问题逐渐得到重视。因此从 20 世纪 80 年代末开始又提出了"结构—功能—文化"相结合的教学指导思想，从而带来了教学法和其他教学环节上的一系列变革。

2. 按语言技能划分课型，确定各课型之间的关系

按语言技能划分课型，就是取消听、说、读、写全面要求的精读课，把不同语言技能的训练分散到不同的课型中进行。这是基于不同的语言技能要通过不同的方法来训练这样一种认识。

相对多年来形成的教学习惯，从 20 世纪 80 年代开始，对外汉语教学界对于掌握四项技能和课型顺序的认识，处在从听说读写到读写听说的转变之中。这一转变的主要根据是成年人学习第二语言跟儿童习得母语的过程不同，而以读写课打头，则可能更符合汉语教学的规律。

3. 各种教学类型课程在改革中完善

20 世纪 70 年代发展起来的短期汉语班、汉语进修班、现代汉语专业等新的教学类型，加上以前的汉语预备教育，从 20 世纪 80 年代开始都在总结教学经验的基础上进行了课程改革与建设，重点是加强教学的针对性和计划性，改革或完善课程设置，进一步明确各门课程的性质，调整各类课程的比例，处理好各门课程的纵向和横向关系，以便更好更有效地培养学生的交际能力。

第二节　对外汉语教学的现实描述

目前，对外汉语教学事业在全世界范围内呈现蓬勃发展的趋势。国家增强了对外汉语教学的重视，强化了对这项事业的宏观指导，并增加了经费投入。我驻外使领馆和国内有关机构以及各院校纷纷加强对外汉语教学工作，办学规模有了更大的发展，包括短期速成教育、汉语预备教育、本科和研究生教育以及函授、远程教育等在内的对外汉语教学体系，门类更加齐全，结构更加完整，水平进一步提高。对外汉语教学在学科建设方面沿着科学化和规范化的道路健康发展，逐步走向成熟，对外汉语教学方面的学术交流和国际交往也进一步广泛开展。

一、国家对对外汉语教学事业的领导和管理不断加强

国家对外汉语教学领导小组自 1987 年成立以来，不断加强全国对外汉语教学工作的领导管理和协调工作，制订了一系列宏观发展规划，推动了该项事业的发展，同时也促进了国际交流与合作。1996 年国家对外汉语教学领导小组办公室进行了机构调整，强化了对全国工作的宏观指导。1998年，根据形势发展，经国务院批准，新组建了国家对外汉语教学领导小组。新一届领导小组成员单位增加了财政部、国家发展计划委员会和对外经济贸易合作部，由原来的 8 个部委增加为 11 个部委（北京语言学院不再参加领导小组），此举进一步加强了对对外汉语教学工作的领导，推动了对外汉语教学事业的发展。2001 年 2 月 8 日召开的国家对外汉语教学领导小组年度例会，首次确定设立"国家汉办项目经费"，大幅度增加对对外汉语教学事业的投入，为发展对外汉语教学事业提供了财政支持和经费保障。

对外汉语教学的性质特点决定了它的国际性和国家属性。我国的对外

汉语教学事业从一开始就是在党和政府的领导下开展的，这也是我国对外汉语教学事业发展的一条成功经验。因此，将来势必会进一步加强国家对对外汉语教学的统一领导和管理，进一步加强对全国各级相应领导机构的建设，提高领导管理水平，根据目前对外汉语教学的实际，研究制定一系列切实可行的调控措施，使全国的对外汉语教学事业更加稳定、协调、健康地发展。

二、教学体制不断完善，教学规模不断扩大

学校教育自 1978 年开始出现外国留学生汉语言本科学历教育以来，至今有了从学士学位到博士学位完整的学历教育体系，尽管对外汉语教学的非学历教育仍然占绝大部分，但目前全国已有 30 多所大学设立了对外国留学生的汉语本科教育。非学历教育类型多样，除了学校教育（包括汉语预备、汉语短期、汉语速成、汉语进修）为主外，对海外华侨子弟、外交人员、商务人员等的广播、刊授、函授、多媒体教学，网上中文、远程汉语教学等形式的对外汉语教学在不断扩展，门类更加齐全，结构更加完整，水平进一步提高。目前，对外汉语教学已逐渐形成了多渠道、多层次、多形式的较为完善的教学体制。特别是利用国际互联网开办汉语教学正日益成为一些对外汉语教学机构以及从事网络教育机构关注的热点。国家"汉办"委托华东师范大学建立汉语远程学院，目前已经设立了网络电台，编辑了网络汉语杂志，研制了教学课件等，至今已有 8000 多名学生注册学习，汉语远程学院已经成为世界上最大的汉语远程教育机构。此外，国家"汉办"还积极承担了教育部中美网络语言教学合作项目的汉语教学部分。

随着教学体制的完善，教学规模也不断扩大。目前，我国每年接受来华学习汉语的外国留学生约 4 万多人，截止到 2003 年底约有 8 万多留学生在华学习汉语。现在全国有 400 余所高等院校从事对外汉语教学工作，很多院校设立了专门进行对外汉语教学的"学院"或"中心"。在不久的将来估计会有更多的高校参与从事对外汉语教学工作。

但目前制约办学规模的因素仍然存在，这主要是对外汉语教学的基础

设施还相对落后，导致各高校接受留学生的能力仍比较有限。这些基础设施包括教学设施、住宿餐饮服务设施、生活娱乐服务设施、旅游服务设施等。在科技迅速发展的今天，发达国家在教学领域已广泛应用电化教学、计算机辅助教学等现代科技手段，但我国还有不少教学单位仍主要靠教师一张嘴、一支粉笔和一块黑板，这已远远不能满足教学的需要。另外，留学生需要参加大量的校外语言实践活动，加上近几年来华学习兼旅游的短期留学生大量增加，这就提出了新的迫切要求，既要提供汉语学习的条件，又要提供一定规模和档次的旅游服务设施。

我国经济的迅速发展和交流的扩大，将会吸引更多的留学生来华学习汉语，为适应这种新形式的需要，我国对外汉语教学设施和办学规模都须进一步扩大。相信随着经济的发展和领导机构的加强，我国对外汉语教学的基础设施建设，将会以崭新的面貌面向世界。

第三节　对外汉语教学的对象与内容

一、对外汉语教学的对象

对外汉语教学的对象主要是外国成年人或接近于成年人，他们已具有一定的知识和能力背景，即具有母语的语言系统；具有对客观世界、客观事物共性认识的基础；逻辑思维能力，较系统的知识结构；分析问题、解决问题的能力等。

二、对外汉语教学的内容

对外汉语教学有不同的含义，不同的含义有不同的任务和内容。

（一）作为教学活动的对外汉语教学的任务

作为教学活动的对外汉语教学是指针对外国人把汉语作为第二语言教

学的过程，这一过程包括总体设计、教材编写、课堂教学、语言测试等四个部分，而这一过程的基本任务诚如陆俭明所言就是"怎么让一个从未学过汉语的外国留学生在最短的时间内能最快最好地学习好、掌握好汉语"。

（二）作为学科的对外汉语教学的任务

作为一门学科，对外汉语教学除了指对外汉语教学活动或教学过程外，其主要任务是研究针对外国人把汉语作为第二语言教学的内容、原理、过程和方法，并以此指导教学实践。作为学科的对外汉语教学包括对外汉语教学研究和对外汉语学科建设两个层面的任务。

1. 对外汉语教学研究

针对对外汉语教学的性质和教学过程特点，对外汉语教学研究应该包括"教什么""如何学""怎样教"等几个方面。具体说来有以下几点。

（1）研究作为第二语言的汉语本体规律。

目前在对外汉语教学研究中，最迫切的课题是研究"教什么"的问题。要教会外国人学会、用好汉语，首先要把教学内容研究透，要研究好汉语作为第二语言本身的特点、规律和用法。由于汉语研究尤其是现代汉语研究的时间比较短，加上过云的研究没有或很少考虑到汉语作为第二语言的特点，因而对汉语本身的特点、规律和用法还没有研究透，目前已经总结出的各种规律也未必适合对外汉语教学实际。因而，目前现代汉语研究尤其是语法和词汇研究面临着对外汉语教学的挑战。在对外汉语教学的学科研究中，首先必须加强作为第二语言的汉语本体规律的研究。如果我们对现代汉语本身的特点、规律和用法认识不清、不透或不准，就不能教好汉语，也不可能让外国人学好、用好现代汉语。

（2）研究对外汉语教学活动的主体。

教学活动的主体包括教和学双方。研究教的一方即教师，主要要全面了解作为一名对外汉语教师应该具备哪些基本素质，如何培养和培训出优秀的对外汉语教师。

关于教学活动主体的研究，最主要的是研究学习者的特点，教学活动的双方应该以学习者为中心。对外汉语教学中的学习者往往来自不同的国家和民族，年龄和文化程度参差不齐，学习目的和学习时间以及原有的汉语水平各有差异。因而对外汉语教学研究应该把分析教学对象作为重要的研究课题，这涉及学习者的国别、民族、母语、文化背景等对汉语学习的影响，涉及年龄、文化程度、职业、学习目的、学习时间对学习动力、态度、积极性的影响。学习者自身的差异，不仅影响学习者的汉语学习，而且对教师的教学原则、教学方法、教学重点等都有直接的影响。

（3）研究汉语作为第二语言的习得和认知规律。

现代的语言教学已经从重视"怎样教"转变为更加重视"如何学"，已经把语言教学的教与学双方的"学"的一方看作语言教学的主体。同时，语言教学研究者进一步重视对学习理论与学习规律的研究，即重视对语言习得与认知过程和认知规律的研究。就对外汉语教学来说，要研究外国学生对现代汉语各要素包括篇章、汉字等的习得顺序和习得过程，要研究外国学生对现代汉语听说读写中各有关要素的认知加工过程和认知规律，要研究外国学生学习中的各类个体差异和教学策略等。

（4）研究对外汉语教学的理论和方法。

作为一门学科，对外汉语教学首先必须研究本学科内部的理论和方法，即研究"怎样教"的问题，用以指导对外汉语教学实践。对外汉语教学理论研究主要应围绕对外汉语教学过程中的总体设计、教材编写、课堂教学和测试评估四大教学环节来展开，其中核心课题包括当代语言教学理论和教学方法如何跟汉语作为第二语言的教学实际相结合问题的研究，对外汉语教学理论和方法的新探索，对外汉语教学总体设计与教学模式的改革与探索，不同层次、不同类型的对外汉语教学大纲、课程体系、教材体系的研究，课堂教学质量与教学效率的提高与评估研究，汉语水平考试的研究，现代教育技术手段在对外汉语教学中的应用，建立各种类型的语料库并运用到对外汉语教学和研究中去，等等。

（5）研究对外汉语教学的基础理论。

由于对外汉语教学从一定意义上来说是一门综合性、边缘性学科，语言学、教育学、心理学、学科教学论、教育技术学等，构成了对外汉语教学的学科基础理论，因而对外汉语教学还应当充分研究与对外汉语教学学科相关的各种基础理论，并将相关学科的理论应用于对外汉语教学研究，同时以自身的学科建设为相关学科的发展作出应有的贡献。不仅如此，研究对外汉语教学的基础理论，还必须思考各种基础理论跟对外汉语教学的关系，思考各基础理论在对外汉语教学学科中的地位，思考各种基础理论之间的相互关系和协调性。

2. 对外汉语学科建设

对外汉语学科建设的科学、合理、完善、有前瞻性，是保证该学科进一步持续、良性、快速发展的关键。对外汉语学科建设包括学科性质、学科任务、学科地位、学科结构体系、学科研究、学科人才培养、学科规划等多个方面。如学科性质的确立、学科任务的厘定、学科地位的定位是保证学科发展方向的关键，学科结构体系和学科研究是学科能健康深入发展的保证，学科人才培养和学科规划是保证学科持续、良性、快速发展的基础。

（三）作为事业的对外汉语教学的任务

对外汉语教学不仅仅是为了教授外国人掌握好、运用好汉语，而且肩负着传播中国文化、展现中国社会、增进中外友谊和文化交流、培养热爱中国文化的国际友人的重任。因而，对外汉语教学被誉为国家、民族的事业。作为一项国家、民族的事业，对外汉语教学的建设和发展就有了更多、更重的任务。目前作为一项事业的对外汉语教学应该把以下工作作为主要任务。

（1）采取各种可能的举措，加快汉语的国家化趋势，使世界范围内的汉语学习热能更进一步地升温，使越来越多的外国人通过汉语学习而进一步了解和热爱中国。通过多种有效途径宣传国内的对外汉语教学事业，千方百计地吸引更多的留学生来中国学习汉语，扩大留学生招生规模。

（2）狠抓学科建设。对外汉语教学不仅要进一步完善汉语短期进修教学学科建设，而且要完善以本科生、研究生教学为核心的对外汉语专业的学科建设，包括理论讨论、教学目的和要求的确定、课程设置、教学大纲的制订、教材和工具书的编写以及教学辅助设备的添置和软件的制作等。尤其要加快编写适合不同国家和民族的有针对性的对外汉语教材。

（3）大力培养各种层次的对外汉语专业教师，提高对外汉语教师的素质和专业水平，提升对外汉语教师的学历层次和科研水平。不仅如此，还要培养和培训出一批兼职对外汉语教师，为对外汉语教学事业的发展储备更多的人才和教学人员。

（4）增加对外汉语教学研究的科研投入，鼓励更多的科研力量投入到对外汉语教学研究队伍中去，出更多、更高质量的研究成果，提升对外汉语教学学科的学术含量。

（5）大力研究和宣传、推广汉语水平考试，不断开发出多种专门用途的汉语水平考试类型，使汉语水平考试成为最权威、最实用的汉语考试。

（6）研究好对外汉语教学跟国际政治、经济、文化发展与变化的关系，及时调整或改革对外汉语教学的发展战略和策略，以应对不同的国际政治环境对对外汉语教学事业所产生的影响。

（7）通过各种途径和办法，使对外汉语教学走出去，不仅要多派教师到海外从事汉语教学，帮助培训海外汉语教师，而且要加快开拓在国外办学、在国外教授汉语的新市场。

第四节 对外汉语教学的前景展望

对外汉语教学作为国家教育事业的重要组成部分，在世界范围内推广汉语教学，介绍中国文化，以及促进国际合作与文化交流方面，发挥着越来越重要的作用。随着世界逐步进入信息时代，进入知识经济、经济全球化时代，随着我国经济的飞速、稳步发展和中国国际地位的日益提高，中国全方位对外开放的格局已经形成。在这种情况下，外国人想学汉语的越来越多。在国内，对外汉语教学事业发展迅猛。

回想新中国成立之初，1950年7月清华大学设立了"东欧交换生中国语文专修班"，从此，新中国的对外汉语教学翻开了崭新的一页。老一辈语言学家吕叔湘、周祖谟诸先贤，筚路蓝缕，开对外汉语教学事业的先河。王还、邓懿、杜荣、李培元、钟镤诸元老为之奋斗一生。1961年至1964年国家培养的4批出国汉语师资，成为20世纪后30年对外汉语教学的中坚力量。这批师资怀着高度的使命感和责任感走出国门，向世界推广汉语，介绍中华文化，足迹遍布五大洲。然而，随着岁月的流逝，前辈学者或已仙逝，那批出国汉语师资虽不少人还在发挥余热，大都已垂垂老矣。值得欣喜的是，长江后浪推前浪，一代有志于对外汉语教学事业的青年学者正脱颖而出。

对外汉语教学作为外语教学或第二语言教学，经几代人的苦心孤诣、用心经营，目前在世界上汉语作为外语教学领域已占主流地位。这当然是我国综合国力增强、在国际上的影响越来越大的结果。但也应该归结于汉语是我们的母语，我们怀着无限热爱与敬畏之情去对待她。我们正是抱着对对外汉语教学这一"国家与民族的事业"的赤诚之心，正是怀着对自己的母语——汉语的深切之爱，或从教学中所遇到的问题出发，深入发掘汉语，涉及语音、词汇、语法、汉字各个方面，充分描写，详加剖析，妥为解释，最后将其研究成果反馈于对外汉语教学实践；或探讨汉语教学学科理论、教学理论、学习理论，独抒胸臆，发人之所未发；或探讨汉语技能教学与学习规律，既注重内省，更兼顾实证。

对外汉语教学作为一项国家与民族的事业，其重要性，无论如何强调都不为过，对此一定要有战略发展的眼光。作为一门科学，它是隶属于"语言学及应用语言学"名下的一个三级学科。作为一门科学，应在学术上有其科学的内涵与外延，应为其学术研究设定体系框架。对外汉语教学是一种跨学科的研究，它不仅包括基础理论研究，更是一种面向应用的研究，二者兼及，不应偏废，故而对外汉语教学是一种综合性的研究。

第二章

中国传统文化影响下的对外汉语
教学原则、特点及测试评估

第一节　对外汉语教学的总体设计

一、什么是对外汉语教学的总体设计

　　总体设计是对外汉语教学的四大环节中首先要遇到的问题。它是教材编写、课堂教学以及测试评估等各项教学活动的依据，是协调其他各个环节，使它们成为统一的、科学的、整体的重要步骤。确切地说，对外汉语教学的总体设计是"根据语言规律、语言学习规律和语言教学规律，在全面分析第二语言教学的各种主客观条件、综合考虑各种可能的教学措施的基础上选择最佳的教学方案，对教学对象、教学目标、教学内容、教学途径、教学原则以及教师的分工和教师的要求等作出明确的规定，以便指导教材编写（或选择）、课堂教学和成绩测试使各个教学环节成为一个互相衔接的统一的整体，使全体教学人员根据不同的分工在教学上进行协调行

动"。这是将对外汉语教学看作一项系统理论工程，并在应用中予以实践。

语言教学是一个非常复杂的系统工程，其中包含了许多教学环节和复杂的矛盾。首先表现在一种教学原则在某种情况下适用，而在另一种情况下就不一定适用。其次，各种教学类型具有不同的教学特点，比如短期教学和长期教学、学历教学和非学历教学、基础教学和专业教学，它们各自有自身特点的教学方案。怎么样能更好地协调各个环节、解决这些矛盾，就要根据具体情况综合分析各种不同的特点，找到符合语言学习规律和语言教学规律、符合教学要求的客观条件的最佳方案，并使之贯彻到教学的各个环节中去。

二、对外汉语教学总体设计的方法和程序

对外汉语教学的总体设计主要由教学类型、教学对象、教学目标、教学原则、教学途径以及教师分工和对教师的要求等几个部分构成。进行对外汉语教学总体设计时，一般要按照下列程序和方法进行。

（一）明确教学类型

不同的教学类型适应不同的教学对象，决定不同的教学目标、教学内容、教学原则和教学方法。我们可以根据教育性质、教学任务、教学时限和教学组织形式等把教学分成多种类型。目前主要的教学类型是按照教学期限和学习目的分的，可分为本科专业、长期班（4年、2年、1年等）和短期班（半年、2个月、6周、4周等）；非学历教育的预备教育（解决进入专业学习的汉语水平问题）、特殊目的教育（学习旅游汉语、经贸汉语、中医汉语等）。

（二）分析教学对象

分析教学对象是使教学具有针对性。教学对象的特征主要从自然特征、学习目的、学习起点和学习时限四个方面来分析。

1. 自然特征

自然特征包括学习者的国别、年龄、文化程度、第一语言及文化背

景，等等。这些自然特征对确定教学内容和教学原则有决定性的作用。自然特征关系到教学原则的确定、教学内容和教学方法的选择。从年龄方面来看，孩子与成年人的第二语言学习在内容和方法上都应该有所不同；对于文化程度高低不同的人，也应该采取不同的教学对策：国别不同、第一语言文化与目的语文化之间的关系不同，教学原则和方法也是不同的，例如教韩国、日本学生的中文和教欧美学生的中文就很不相同。

2. 学习目的

学习目的大体上可以分为受教育目的、职业工具目的、职业目的、学术目的和临时目的等五种。不同的学习目的决定了第二语言教学目标和内容的不同，对外汉语教学应当在了解学生的基础上，根据其学习目的来确定教学目标和内容，并制定相适应的教学方案。

3. 学习起点（水平）

学习起点一般是根据学习者的目的语水平而定。可以是零起点，也可以把已有的目的语水平作为起点。不同学习起点的学生，对学习汉语的认识、兴趣、接受能力和理解水平都有差异。对外汉语教学的各个阶段要充分考虑学生的实际汉语水平来安排教学活动。

4. 学习时限

学习时限依据学校的教学制度而定，包括本科（4 年）或进修（1 年、2 年）的学习期限、总课时、周课时等。也有依照学习者的特殊要求而定，如短期进修、短期强化。学习时限也对教学目标和教学内容起限定作用。反过来说，教学目标和内容的确定除了要与学习目的、学习要求保持一致以外，也要考虑到学习时间的限定性因素。

（三）确定教学目的和目标

1. 教学目的

教学活动是为了实现教育目的服务的，从根本上看，教学目的就是为了培养全面发展的人才。由于教学活动主要是从事科学文化知识和技能的传授和学习，因此不同的教学类型又存在着具体的教学目的。

对外汉语教学的教学目的应归纳为：掌握汉语基础知识和运用汉语进

行听、说、读、写基本技能，培养运用汉语进行交际的能力；提高学习汉语的兴趣和方法、培养学习汉语自学能力；学习和了解中国文化、历史和中国社会。

2. 教学目标

对外汉语教学要培养学生具备什么样的知识结构和能力结构，具备什么样的语言能力和语言交际能力，能够使用目的语从事什么样的工作，这就是教学目标。

教学目标包括使用目的语的范围和目的语水平等级两个方面。

第一，使用目的语范围。主要是指在什么领域和范围内使用目的语。有的是把目的语作为职业的条件，而有的是把目的语作为职业工具。例如学习者学习目的语是因为要在工作中运用目的语，但是他们职业各不相同：一部分学生是公司经理或者职员，他们学习目的是从事经济贸易活动；而一些学生可能从事旅游服务工作，他们的学习目的是做导游工作。目的语对于他们来说是一种职业工具，职业不同，教学内容也会有所差异的。所以，国家汉办最近几年开始启动了包括旅游 HSK、文秘 HSK、经贸 HSK 专项考试的研发工作。

第二，目的语水平等级。目的语水平具有等级差异，主要是有初级、中级、高级的差别。教学目标包括培养学生达到目的语水平的哪一个等级。

目前对外汉语教学大都考虑划分初、中、高三个等级。初级的要求是，掌握日常生活用语和比较容易的社交用语，学会最基本的语法项目，有一定的语用知识。中级的要求是，在日常生活和社会生活中能比较自由地进行口语表达，能看懂报纸新闻，担任初级翻译；具有自学能力；基本上掌握各个语法项目和一般的语用规则。高级的要求是，语言基本过关。具体是指，基本上能听懂一般的新闻广播，能够比较自由地进行口头表达，比较顺利地阅读内容不超过阅读者知识范围的书刊，能担任中级翻译；能自由进行口头表达。除了掌握语法和语用规则外，还具有一定的修辞知识。

（四）确定教学内容的范围

对外汉语教学的教学内容范围不仅仅指汉语语音、词汇和语法等各语言要素，因为第二语言教学的基本目的是培养学生运用目的语的语言能力和语言交际能力，要确定教学内容的范围，必须首先了解语言能力和语言交际能力的构成因素和形成过程。一般认为，人的语言能力和语言交际能力至少是由语言要素、语用规则、相关的文化背景知识、言语技能和言语交际技能这五个方面的因素构成的，因而对外汉语教学应该从上述五个方面确定教学内容的范围，为制定各项教学内容的大纲提供依据。

（五）确定教学原则

汉语作为第二语言的教学原则，不是凭空确定的，而是理论与实践相结合。教学原则是由一定的教学理论所决定的，而教学理论又是在语言学理论、心理学理论、语言学习理论、教育学理论、跨文化交际理论、哲学理论等基础上，结合对汉语教学自身的规律进行研究而形成的理论体系。

总体设计三要规定教材编写、课堂教学和成绩测试中必须共同遵守的原则。目的是使整个教学过程和全部教学活动保持一致。总体设计的教学原则主要包括以下几个方面。

1. 处理好言语要素、言语技能和语言交际技能之间的关系

不同的教学法在处理语言要素、言语技能和言语交际能力三者关系时，侧重点并不一样。这涉及怎样进行言语技能的训练、怎样进行交际技能训练、怎样处理言语要素和语言知识的关系以及怎样处理言语要素和相关文化知识的关系，等等。如：

第一，结构语言学的"听说法"，它是以语法结构作为大纲来编排教学顺序，以语言要素为中心来组织语言材料。

第二，听说法"的改进，是以语法结构为纲编排教学顺序，以言语技能训练为中心组织语言材料。

第三，"功能法"的教学路子，是以功能项目为纲编排教学顺序，以言语交际技能训练为中心组织语言材料。

第四，"结构—功能"相结合法，是以语法结构为纲编排教学顺序，以功能项目和言语交际技能训练为中心组织语言材料。

不论是翻译法还是直接法、听说法，都是以语言结构特别是形式结构为纲；而功能法则独树一帜，强调语言教学要以功能为纲。

2. 选择好言语技能训练方式

主要包括综合训练、专项训练、综合训练和专项训练相结合的方式等几种。

3. 选择好言语交际技能训练的方式

目前对外汉语教学中，关于言语交际技能训练的方式主要有如下几种：

第一，以结构为纲，兼顾功能。

第二，以功能为纲，兼顾结构。

第三，以话题为中心，注重结构和功能结合。

第四，以情境为中心，注重结构和功能的结构。

第五，纯功能的方式。

结构和功能相结合，是近年来我国学者根据自己的经验总结出来的一条教学原则，其中语言结构是基础。国内外几十年的汉语教学经验证明，通过早期系统的语言要素的学习掌握语言的基础，是第二语言学习者较迅速地获得语言交际能力的关键。反之，初级阶段忽视结构教学或完全打乱结构教学的系统性，会给汉语学习带来极其不利的影响。当然，功能是语言教学的目的。学习语言结构是为了交际，因而语言要素是为功能服务的，语言要素的教学必须与功能教学紧密结合。要重视功能的教学，既要考虑到语言要素的系统性，也要注意功能的系统性。

4. 处理好语言要素之间的关系

语言要素是指语音、语法、词汇三要素，对外汉语教学中还包括汉字。对不同语言要素的教学，可以在不同的阶段有所侧重，甚至采取语音教学阶段、语法教学阶段等分阶段教学的做法。但语言诸要素只有组成句子或话语时，才能较好地发挥交际工具的作用，所以目前的做法大多数是以句子和话语这两级语言单位为重点，进行语音、语法、词汇综合教学。句子是语言交际中表达完整意思的最基本的运用单位，是语音、语法、词汇的综合体，长期的教学实践也证明通过句型能较好地掌握语言的组装规则。因此从第二语言教学的角度考虑，句子仍是教学的重点。随着话语语言学的兴起，人们对言语活动的研究更加深入，逐步认识到第二语言教学中除了传统的句子的操练外，还需要加强话语的训练。话语教学是一个新的研究领域，无论在我国还是在国外都处于探索的阶段，尚未有重大的突破。

5. 处理好语言和文字的关系

这方面的重点问题是解决教不教汉字、先语后文还是语文并进以及繁简汉字的教学等问题。另外，在汉字教学中还要重视语素教学，这有两方面的意义：一是有助于准确理解复合词的词义并有利于加快扩充词汇量，二是有助于记忆汉字。

6. 处理好目的语和媒介语的关系

这方面主要的问题是：要不要用媒介语进行解释，要不要进行两种语言的对比和对译，在什么情况下用媒介语解释，在什么情况下进行两种语言的对比和对译。这条原则涉及目的语的教学与母语或媒介语的关系。以联结主义心理学为基础的直接法强调在第二语言教学中目的语与客观事物直接联系，无论是言语的理解或表达，都应避免依赖母语的翻译过程，实践证明这是正确的。但母语的存在是一个不可避免的事实，母语对目的语的迁移作用也是一个无法回避的事实。问题在于如何发挥母语的积极作用而消除其不利的影响。利用母语或媒介语，主要是指在教材的编写和教师的备课活动中进行语言对比分析，以确定教学重点；同时也是指在十分必要的情况下，教师在课堂上可以少量地用母语或媒介语进行难点讲解。但课堂上教师对母语或媒介语的使用必须很好地控制，基本原则是能不用就不用。大量地用母语来讲解语法，通过母语来学习汉语或中国文化，绝不是语言教学理想的做法，难以培养运用汉语进行思维和交际的能力。在课堂里应该尽量让学生尽可能多接触汉语，"沉浸"在汉语的氛围或环境中。

7. 处理好语言要素和相关文化知识的关系

对外汉语教学还要考虑文化知识的教学与语言要素的教学以及言语技能和言语交际技能训练的结合问题。文化教学要为语言教学服务。文化教学是语言教学不可或缺的一部分，语义和语用的教学，作为语言交际能力一部分的社会语言学能力、话语能力和策略能力的培养，都离不开文化教学。但是文化教学要紧密结合语言教学，以语言教学为目的。高级阶段文化因素教学尤其是介绍目的语国家的文化背景知识的分量应该加大。

8. 处理好语言和文学的关系

这方面主要是处理好文学作品在语言教学中的地位，特别是要处理好在高级阶段的阅读课教学中，文学作品的内容在教学中所占的比例问题。

9. 充分利用现代化教学技术和手段

现代化的教学技术手段是第二语言教学的重要组成部分。目前，汉语教学的主要资源仍只局限于教科书，主要的教学手段是靠教师的讲和练；与主教材相配套的录音、录像、电脑、多媒体辅助教材很少。这种情况不利于汉语教学水平的提高。以汉字教学为例，通过多媒体或动画来帮助学生学习汉字的部件和笔顺，能取得其他手段所无法达到的效果。目前对外汉语教学非常需要研究如何从汉语的特点出发，充分利用现代化教学技术手段来提高教学效率的问题。

（六）规定教学途径

教学途径是将教学目标、教学内容和教学原则贯彻到教学过程中去。教学途径包括教学阶段、课程设计以及周课时和总课时三项内容。

1. 教学阶段

划分教学阶段是为了突出不同阶段教学的特点和重点。目前主要采用把要到达的目的语水平等级作为划分教学阶段的依据，这种根据教学目标划分教学阶段的原则叫作"教学目标原则"。教学中区分出的目的语的水平等级一般为初级、中级和高级。还可以根据"教学目标原则"在每个大的教学阶段再划分出若干个小的阶段，划分小的教学阶段要解决的主要问题是如何对教学目标进行再分解和细化。

2. 课程设计

课程设计是总体设计的核心内容，也是联结总体设计和教材编写、课堂教学的中心环节。它是针对特定的教学类型和具体的教学对象、参考课程类型来制定课程设置计划。科学的课程设计应该是：所规定的课程能够使学生具备合理的知识结构和能力结构；能使全部教学内容合理地分布到有关的课程和课型中去，能够较好地体现既定的教学原则。课程设计在具体的教学单位要考虑各种主客观条件，例如教学规模、教学条件等，要根据既定的教学对象所具备的知识结构和能力结构来决定开设何种课程和课型。总之，要根据各个教学单位特定的教学类型来进行课程设计。

3. 课时安排

总课时和周课时的安排要考虑到与教学目标和教学内容相一致，要适合学习者的特点。

（七）明确教师分工和对教师的要求

在第二语言教学中，教师有一定的分工，需要重视担任不同课型教学工作的教师之间的互相配合。具体地说就是：教师应该全面了解总体设计的内容和安排，掌握教学总体情况，明确自己在整个教学过程和全部教学活动中所承担的工作性质、特点，以及自己应该发挥的作用，明确自己所承担的教学工作和其他教学任务之间的关系，并协调好相关的教学工作。

第二节　对外汉语教学的教材评估和选用原则

一、对外汉语教材的评估原则

对外汉语教材有各自的特点，同时也具备一些共同性。教材的评估原则和编写原则基本是一致的，这些基本原则是对各类教材都普遍适用和应当遵循的。这些原则可以概括为：实用性、知识性、科学性和趣味性。

（一）实用性

与普通的语言学教材不同，第二语言教材主要用于培养语言能力。语言知识要通过教学转化为技能，最终培养学习者的语言能力。因此，教材的实用性十分重要，也只有实用的教材才能更好地激发学习者的学习积极性。教材的实用性包括教学内容的实用性、语言材料的真实性和教学方法的实用性。

（二）知识性

所谓知识性是指教学内容中要包括一定量的新知识。除了在量上要有所保证以外，在质的方面还需要考虑新知识必须是学生感兴趣的。使学习者在学习语言的同时获得各种有用的知识和信息，这也是激发学生学习热情、增加学习积极性的一个重要方面。因此，在教材的内容方面要注重吸收社会政治、科技常识、文化风俗、历史地理等各方面的相关知识。

（三）科学性

1. 要教授规范、通用的汉语汉字

教材的科学性主要体现在语言的规范、知识的介绍和解释的科学性、内容组织符合教学规律并反映学科理论研究的新水平等几个方面。教学的内容要尽可能参照已经公布的对外汉语教学等级标准和大纲。《中华人民共和国国家通用语言文字法》明确规定"对外汉语教学应当教授普通话和规范汉字"，普通话即现代汉民族共同语，规范汉字即我国正式公布的简化字，另外，通用的给汉字注音的拼音方案是《汉语拼音方案》。就是说对外汉语教学应该利用"汉语拼音方案"，使用规范的简化汉字，教授普通话。

2. 教学内容的组织要符合语言教学规律

教学内容的编排顺序要由易而难，由浅入深，循序渐进，要适合大多数学习者的接受程度；题材内容要从日常生活用语开始并逐渐涉及社会生活交际的各个方面，进而逐步扩大到政治、经济和文化等方面。新词语和语法点分布要均匀、合理，适当分散难点，要特别注意重点词汇和句型的重现率，以有效地帮助学习者不断地循环复习，科学地记忆。

（四）趣味性

具有趣味性的教材才能吸引学习者，使之产生学习的兴趣和动力，使语言学习的过程变得更加轻松愉快，以更好地提高学习效率。教材的趣味性主要体现在教材内容的生动有趣和形式的活泼多样。教材内容的趣味性与教材的实用性、交际性密切相关。尤其在初级阶段，要紧密结合学习者的日常生活需要，课上学习的内容课后马上能够运用，就自然产生学习的兴趣和动力。

二、对外汉语教材的选用原则

选用教材的原则是以评估教材的原则为基础的。从实际运用的角度出发，选用教材的原则在评估原则的基础上还要增加交际性原则、针对性原则和系统性原则。

（一）交际性

交际性是指教学内容的选择、语言材料的组织要充分考虑到有利于学生语言交际能力的培养。具体而言，要选择有交际价值的教学内容。教材要有利于教学过程交际化，便于交际活动的开展。语言材料必须是来源于生活，来源于现实。从初级阶段就应该选用一些适用于交际的真实材料。

（二）针对性

选用教材时要明确该教材适用于何种教学类型、课程类型和教学对象。教材必须有明确的针对性，要适合使用对象的特点。过去由于教材的种类比较少，存在着不同类型和不同需求的学习者都使用同样教材（特别是比较优秀的通用教材）的现象，这势必会影响到学习效果。实际上学习者的情况千差万别，教材要尽可能地适合学习者的特点。最基本的要求是，根据不同母语、母语文化背景与目的语文化对比所确定的教学重点选用不同的教材。

（三）系统性

教材的系统性涉及很多方面。首先是指教材内容在基本知识介绍和技能训练方面，即语音、词汇、语法、汉字等语言要素和听、说、读、写言语技能的安排方面，要平衡协调。初、中、高级不同阶段教材要衔接；综合技能课与听、说、读、写专项技能课教材要配合。要充分考虑多媒体、图片、幻灯、声像等辅助手段，从而形成系列的、立体的教材体系。因此，教材的选用要考虑到横向和纵向的关系，要考虑该教材在整个教材体系中所处的位置和作用。如果说教材的针对性是具体的，那么系统性就是宏观上的考虑。

第三节　对外汉语课堂教学的特点和要求

一、课堂教学的特点

课堂教学是对外汉语教学的基本形式，它是指教师根据教学大纲规定的目的、任务和教材，运用恰当的教学方法，在规定的时间内对固定班级的学生进行某门课程的教学。

在第二语言教学中，课堂教学是帮助学生学习和掌握目的语的主要场所。这是因为第二语言学习主要通过课堂进行有组织的教学活动和展示有计划的教学内容。教学过程的感知、理解、巩固、运用阶段主要在课堂教学中完成。实施教学计划，贯彻教学原则，运用教学方法，完成课程教学并实现教学目标，主要都是依靠课堂教学。语言教学的根本目的是培养学生的语言能力和语言交际能力。因此，通过课堂教学这一基本形式来实现培养学生运用语言进行交际的能力是课堂教学的根本目的。

一般课堂教学要完成传授知识和培养能力两项任务。第二语言教学是以培养学习者的交际能力为目的，所以课堂教学除了体现一般课堂教学规律外，还有自身的特点。

（一）"以学生为中心"的课堂教学的原则

第二语言教学虽然也要教授语言知识，但与一般以理论知识传授为主的教学不同，它更强调把知识转化为技能，以培养技能和能力为最终目的，而技能和能力更需要靠学习者进行大量练习和实践才能获得。传统的教学法遵循的是"我教你学，我讲你记，我问你答"这种模式，学生总是处于被动的学习状态。这种没有变化的教学法很容易把语言教学搞得枯燥无味，很难调动学生学习的积极性，以致课堂上出现这种尴尬的局面：教师在讲台上滔滔不绝，学生瞪着两眼茫茫然，或者不停地翻词典，甚至打瞌睡。所以现代的第二语言课堂教学更多地提倡以学生为主体，充分发挥学生的主动性、积极性和创造性。近年来，"以学为中心""以学生为中心"是大家的共识，但并不是说，学生想学什么就是什么，想怎么学就怎么学，而是应该从学习者和学习过程的角度出发来考虑教学，教学对象是主动的，能改变教学的重点和内容。教师应该掌握学习和习得的规律，搞清楚学习主体以及环境等其他多种因素对学习过程的影响，然后以此为依据，再根据学习者的学习要求和目的更好地设计和组织教学，建立所谓的"最佳教学模式"。

（一）活跃的课堂教学的方式和气氛

第二语言教学更注重以学习者的活动为主，不是教师一人的"满堂灌"，而是进行多种形式和方法的语言操练和交际实践活动。特别强调和提倡教师与学生以及学生与学生之间的交流活动，要妥善使用各种教学技巧和艺术，充分利用接近实际生活的直观教具和现代化的教学手段。对外汉语课堂教学还要营造一种轻松愉快的气氛，以激发学生的学习兴趣，减少紧张和恐惧心理，只有这样才能收到预期的效果。

学习一种语言，历来被人们认为是枯燥的事。如果教师没有很好地掌握和运用课堂教学技巧和艺术，就很容易造成压抑和紧张的课堂气氛。教师可以在开始上课的时候，与学生聊一些简单、轻松的话题，或者在讲课过程中穿插一些风趣幽默的话语、故事,适当开点玩笑,就会在一定程度上缓解学生的紧张情绪,形成活跃的课堂气氛。

(三) 交际性操练的方法

所谓交际性的操练是从"语言是交际工具"的本质出发,在交际性原则的指导下,在课堂过程中实现交际化。交际性操练不同于机械性操练,它以机械性操练为基础,但又不拘泥于机械性操练。

在培养语言交际能力方面,交际性的操练方法十分重要。但是,从目前整个对外汉语的教学现状来看,课堂操练的分量不够、课堂操练远离实际交际。课堂上教师反复地领读,让学生记忆、背诵,然后替换、扩展,机械性操练占去了大部分时间,虽然符合"精讲多练"的原则,但是由于操练内容过于注重形式,远离实际交际,致使学生学习热情下降,产生厌倦。那么,如何让学生获得语言的交际能力呢?

首先,要注意在情景中操练。交际离不开情景,以掌握语言交际能力为目的的交际性操练一定要在 N 个真实或模拟真实的语言情景中进行。课堂上教师最大的作用是为学生创造一个真实的或模拟真实的交际环境。模拟真实的环境就需要教师去精心设置,尽量设置出具有交际价值的情景,比如,设计出与学生日常学习、工作、生活密切相关的生活片段,在课堂上引发学生进行交际练习。

其次,要注重从机械性操练到交际性操练的转变。多年来我们比较重视语言结构的系统性传授和语言技能的强化训练,在机械性操练方面总结出:"重复—替换—扩展—完成句子—提问或回答"等有效的方法。交际性操练的类型还在探索之中,主要是要在特定的语言环境中进行,以口头会话交际能力的操练为主,目标是形成话语能力,强调语言的规范性和得体性。从机械性操练到交际性操练是从语言要素到语言技能,再到语言交际能力的形成过程,两种操练方法缺一不可。

二、课堂教学的要求

课堂教学是对外汉语教学的基本组织形式,对外汉语教学的不同课型，其教学的要求也不完全相同，但无论什么课型都特别强调教师与学生的共同作用。这种共同作用体现在教师完成教学任务和学生掌握教学内容的程度上。

（一）对教师的要求

从第二语言教学特点出发，教学过程分为四个基本阶段，即感知阶段、理解阶段、巩固阶段和运用阶段，课堂教学中对教师提出的要求都是贯穿在这四个阶段。

1. 展示教学内容

在感知阶段，教师要运用最好的教学方法来全面展示和传授计划内的教学内容，把它们全部教授给学生。

2. 使学生全面理解所学内容

学生不一定能完全理解教师所展示和传授的教学内容，教师一定要运用正确的教学方法和技巧，尽量采取有效的教学手段和措施，帮助学生理解所学习的内容。

3. 引导学生正确地模仿和重复

在第二语言学习中，模仿和重复虽然是一种初级的操练方法，但却是十分重要的，是学习语言必不可少的前提和过程，教师在其中应该给予正确的引导。

4. 帮助学生巩固记忆

学习一种语言，记忆是非常重要的，尽管记忆要靠学生自己来实现，但是教师的作用不可低估，通过深入浅出地讲解并运用复习检查等手段，都可以帮助和督促学生巩固所学的内容并且真正记住。

5. 创造条件让学生进行交际

让学生能够正确运用汉语进行交际是对外汉语教学的最终目标，老师在课程教学中要想方设法创造交际条件，尽可能让学生在真实的交际情景中进行语言练习，从而使学生能尽快将所学的内容在实际中运用。

（二）对学生的要求

课堂教学对学生的要求贯串在语言学习的"理解—模仿—记忆—运

用"这一过程当中。

1. 理解

理解是语言学习的第一步。学生通过视觉和听觉等多种途径接受语言材料，并且进一步了解言语的意义、结构和用法，对语言材料从感性认识发展到理性认识。从记忆的特点来看，一般被理解的知识内容才能进入长久记忆。因此，理解所学的内容是学生学习汉语的第一步，也是学生在课堂上要完成的首要任务。

2. 模仿

理解了的知识还需要通过"实践—模仿"才能得以掌握。学生在汉语模仿中要注意模仿的正确性。因为错误的模仿只能造成负面效应，形成错误的习惯以后纠正起来就困难了。而开始模仿的时候往往要经过多次反复，不断纠正偏差和错误，才能达到正确的运用，关键是学生要充分利用课堂教学的有利条件，及时纠正错误的模仿，尽可能多地进行正确的模仿训练。

3. 记忆

记忆是所有语言学习必须具备的基本功。汉语学习的记忆，不论是机械的还是理解基础上的都需要学生的主观努力。尽管大量的学习信息记忆需要学生课外进行，但是学生应该尽可能利用课堂教学的各种有利因素来帮助自己记忆，以达到事半功倍的效果。

4. 运用

正确运用所学的内容进行交际是语言教学的最高目标，也是对外汉语课堂教学的最高目标。学生在课堂中要积极主动地参与各项课堂训练和活动，这样可以打下良好的语言基础，很快地适应课外的语言交际活动。

第四节　对外汉语教学的测试和评估

一、测试的类别

第二语言教学的全过程和全部教学活动可以概括为总体设计、教材编写与选择、课堂教学、成绩测试四大环节。语言测试是语言教学的四大环节之一，是语言教学活动的一个组成部分。语言测试与语言教学密切相关。作为语言教师，都有可能从事试卷的设计和命题工作。有关语言测试的基本理论知识，是语言教师应该掌握的。语言测试有不同的目的，不同的目的决定了测试的要求、内容和方法的各异。按照不同的测试目的，可以将语言测试划分为水平测试、成绩测试、诊断测试和潜能测试四种不同的测试类别。

（一）水平测试

水平测试（proficiency test）的目的是测量测试对象的第二语言水平。水平测试的内容和方法以能够有效地测量测试对象的实际语言水平为原则。一般而言，水平测试有专门的考试大纲、统一的试题和统一的评分标准。它以尽可能客观的标准来测量考生的目的语水平，能够证明达到同样分数线的考生具有基本相同的目的语水平。水平考试的这一特点决定了它不需要考虑测试对象的特点和他们的学习过程，所以同一种水平测试可以适用于不同的测试对象，水平测试的结果也可以作为新生入学编班的依据。

（二）成绩测试

成绩测试（achievement test）是一门课程或课型的测试，所以又叫课程测试。成绩测试是教学中最常用的一种测试，目的是测量学生在学习的一定阶段掌握所学课程的情况，测量他们的学习成绩，因此，成绩测试是教学中最常用的一种测试，一般是在教学过程的期中、期末以及教完一个或若干个教学单元之后举行。结业和毕业考试也属于成绩测试。这种测试的性质决定了它跟教学过程和教学对象有密切的关系，测试的内容和方法决定了它跟教学大纲规定的教学要求以及体现在课程的教材和课堂教学中的教学内容、教学方法相一致。

（三）诊断测试

诊断测试（diagnostic test）是检查学生对教学内容的掌握情况，目的是发现学生在学习某一具体内容或语言知识中的困难或不足之处，同时也检查教学效果是否达到教学大纲预期的要求，及时发现教和学双方存在的问题，以便及时采取措施，加以弥补和改进。与成绩测试相比，诊断测试不受教学进度的限制，随时可以进行，测验的内容更集中、更有针对性，可以观察课堂教学中随堂观察或成绩测试中不易发现的现象，并获得相应的数据。和水平测试一样，诊断测试也可以作为分班测试，还可以作为中介语调查的一种手段。

（四）潜能测试

潜能测试（aptitude test）也叫学能测试或素质测试。潜能测试的目的在于检查测试对象学习第二语言的潜在能力。这些能力是学习第二语言的基本能力，包括模仿能力、记忆能力和理解能力，其中最重要的是语音的模仿能力、词汇的记忆能力和语言点的理解能力以及归纳类推能力等。潜能测试的内容一般根据测量这几个方面的能力的需要来确定。测试用的语言必须是学生从来没有接触过的语言，并在教学之前进行测试，目的在于测试学生学习第二语言的适合程度。与其他测试不同，潜能测试既不能反映学生第二语言学习已经达到的水平，也不能反映学生学习中所存在的问题，而是具有检测学生是否具备第二语言学习能力的预测作用，因而也是一种不可缺少的测试类型。

二、语言测试的内容和类型

第二语言教学的目的是培养学生的语言能力和语言交际能力。第二语言测试，除了潜能测试有特殊性以外，水平测试、成绩测试和诊断测试，都要和这一教学目的相一致，应该以测量测试对象的语言能力和语言交际能力为出发点。具体来说有以下的内容和项目。

（一）语言测试的内容

作为第二语言教学的对外汉语教学的根本目的是培养运用语言进行交际的能力。对教学能起到积极的后效作用的语言测试，尤其是成绩测试和诊断测试应当与这一教学目的相一致。因此，语音、词汇、语法、汉字等语言要素，听、说、读、写等言语技能和在言语交际技能中涉及的语用规则、话语规则、交际策略，以及语言文化因素、基本国情和社会文化背景知识等，都是语言测试的内容。其中成绩测试和诊断测试应紧密配合教学计划和大纲，按所教的内容确定测试内容。水平测试则以考查受试者的整体语言运用能力为目的，目前主要是通过对语言要素知识、言语技能和言语交际能力以及相关文化知识等分项目测试来完成的。从理论上讲，应该考虑到如何更全面、更综合地测量上述各项内容。

（二）语言测试的类型

第二语言教学所培养的语言能力和语言交际能力，具体地表现为对话语（口头的和书面的）的理解和表达能力，其中理解能力具体表现为听和读的能力，表达能力则表现为说和写的能力。据此将听、说、读、写当作第二语言测试的基本项目，这些基本项目是通过一定的题型实现测试目的的。

1. 多项选择题

一般是先有题干，然后给出四个答案备选择，让受试者选择其中的一个，另外三个就是干扰项，所以也有称之为四项选择。这是一般阅读考试和听力理解等语言技能考试的常用题型。它最大的优点是评分客观，所以信度大；接考出编制者想考的问题，一般受试者不会回避，因而效度也大。由于答题迅速，题量可以大些。在命题中最重要的是注意设计干扰项，这也是多项选择题命题的最大难点。干扰项一定要起到似是而非的干扰作用，不能牵强附会地随意拼凑。某个干扰项，如果没有一个考生选择，就可以说明它没有干扰作用，应该换掉。而且四个备选项应该尽可能涉及同一类相关事物，要保持内容的相关性和词性的一致性，难度上也要大体相当，还要避免主干中已经出现的词语。

2. 综合填空题

综合填空题是完型填空的基本形式，是指在一篇短文里隔开一定的字数删掉一个词，让受试者补上。这种题型的设计是以格式塔完形心理学派理论为基础的。格式塔完形心理学派理论认为，人的心理基本特征之一就是在意识经验中能体现出结构性或整体性，如果一个结构整体缺了某一组成部分，人们就倾向于把缺口补上使其完善起来。这种题型既要求读懂全文、理解全文，能达到原来作者的表达水平，考查出综合运用语言的能力，又能保持客观性测试的优点，所以现在很多综合性测试都采用这类题型。编制这类题型要注意：汉语考试中的综合填空一般应该考虑以词为单位。虽然是不定距离留空，但间隔也要平衡，不能连续留两个空格。应该尽量选择原文作为题目。短文长度可在200—300字之间。留空所测之处的内容，应当是宏观和微观相结合。但更应该要求考生从宏观上把握文章内容，甚至要读到文章最后才能填出前边的空。这样才能测出受试者的综合语言能力。有些语法点或词在它所出现的句中就能解决，这类题目是属于微观的，不能太多。只有这样才能发挥这类题型的长处。

3. 口试

目前大多数语言水平考试都是测试听、读能力，最多加上写作能力，而测量说的能力，由于技术操作方面的困难，还很难大规模进行。这是因为采用面对面的人工考试方法过于费时费力，人数太多的考试难以操作。目前我国的 HSK（高等）采用了录音方式。这种方式不是很自然，对受试者的心理有影响，因此测量说的能力一直不被很多标准考试所采用。但是口语表达能力是最直接、最重要的语言交际能力，不包括口语的水平测试，很难算是完整的测试。小规模的口试，特别是课堂的口试，常常采用师生面对面的谈话方式，并参照作文评分的方法，将标准量化、细化，并由多人集体评分使之尽量客观化。

4. 写作

多项选择题和综合填空题都无法直接测量语言表达能力，因此，传统的写作仍然是一种重要的题型。写作能够全面反映受试者的语言水平，反映其语法、词汇、汉字以及成段文字表达的能力。但是，写作最大的弱点是评分的主观性，所以大规模标准化的测试都不采用这一题型。另一方面，人们为了解决这一问题已经做了不少研究，以尽可能使这种主观性题型的评分客观化。

（三）各种测试比较

上述的四种测试即水平测试、成绩测试、诊断测试和潜能测试，在测试项目和测试内容方面各有其侧重点。

水平测试要全面测量受试者的语言能力和语言交际能力，要测试学生的整体语言运用能力，所以要全面、综合地测量语言知识、言语技能、言语交际技能以及相关的文化知识等各项内容。总之，理想的水平测试应当包括全部测试项目和测试内容。

诊断测试要根据改进教学的需要来决定。在对外汉语教学中，有不少教学内容和方法要通过这种测试来获取数据从而加以调整和改进。

三、试卷设计

试卷设计主要包括卷面构成和试题类别两个部分。

（一）卷面构成

卷面是指一次考试中的一种完整的试卷。比如说用两种试卷分别测试听力和阅读，这两种试卷就是两个卷面。

卷面构成是指测试的项目和内容分布在几个卷面中，一个卷面包括哪些测试项目和测试内容。卷面构成可以根据试卷所包括的项目多少，分为单项卷面、双项卷面和多项卷面。只测试一个项目的叫单项卷面，一般是听力、说话（口语）、阅读、写作（写话）；也可以根据需要选择双项或多项卷面，测试两个项目的叫双项卷面，比如听和说、听和读、读和说、说和写、读和写；测试三个或四个项目的叫多项卷面，比如可以是听、说、写的多项组合。无论是哪种卷面，每个项目既可以包括该项目的全部测试内容，也可以只包括该项目的部分内容。

不同类型的测试对卷面构成的要求不完全相同，同一种类型的测试也可以有不同的卷面构成。卷面构成往往要由两个方面的因素来决定，一是测试目的以及由此决定的测试项目和测试内容，二是测试的时间长短。一般情况下，测试一个项目，则采用单项卷面；如果测试两个或两个以上项目，要考虑到测试内容多寡和题数的多少。任何考试都要受到一定的时间限制，所以卷面的题量应该合适，卷面的内容不宜过多，要让多数受试者能在规定的时间内完成。

不同的测试类型决定不同卷面的构成，下面介绍几个不同测试类型的卷面构成。

1. 水平测试

水平测试是全面测量测试对象的语言能力和语言交际能力。因此，理想的水平测试应当包括全部测试项目和测试内容，最好采用单项卷面，也可以一部分采用单项卷面，一部分采用双项卷面。

2. 成绩测试

成绩测试的卷面构成必须跟课型的教学任务相一致。对外汉语教学的课型既有综合课，又有专项技能课，每一种课型都要有自己的成绩测试。专项技能课一般只训练一两种言语技能和相应的言语交际技能，所以测试项目比较单一。例如，听力课的测试只需要测验听力，说话课的测试只要测验会话能力，测试项目单一就可以使用单项卷面。综合课则要进行各项言语技能和相应的言语交际技能的全面训练，需要测试的项目比较多。如果各个项目要同时测试，每个项目的测试内容和题量比较多，一般要采用双项或多项卷面。一般情况下，初级阶段适宜采用双项或者多项卷面，中高级阶段的期末考试以及结业（或者毕业）考试最好采用单项测试。

3. 诊断测试

因为诊断测试侧重于测验教师在课堂上不易观察的以及在成绩测试和水平测试中不容易发现的情况，而且可以获得在课堂教学和成绩测试中难以得到的数据，因此，测试的项目要抓住重点，测试的内容要集中而有针对性，一次测试的项目和内容不要过多，最好测验一两项内容，采用单项卷面，每次测验一两项内容。

（二）试题类别

每一种类型的试题都可以包括不同特点、不同类型半试题，所以试题的特点跟测试的类型是不同的命题，应当把它们区别开来。试题本身的特点也有不同的层次，即题类和题型。题类是试题总体性质的类别，题型是具体题目的类型。语言测试题可以从以下不同的角度进行分类。

1. 标准化试题和非标准化试题

从测试制作的要求即从命题过程和试题的可靠性程度要求的角度，可以将语言测试题分成标准化试题和非标准化试题。标准化试题一般是根据现代教育测量学的理论，从设计、命题到评分、分析等对考试的全过程实施标准化操作，严格控制误差，具有较高的可靠性和相对稳定性，因此，能比较准确地测试出受试者的水平。反之，非标准化测试是由任课教师根据教学需要而自行设计、命题、实施测试并且进行评分的测试。这类测试大都没有统一的标准，而且是在小范围内进行的。成绩测试和诊断测试往往属于非标准化测试。

2. 主观性试题和客观性试题

这是从阅卷评分的角度划分出来的类型。评卷时需要阅卷人作出主观判断的叫主观性试题。主观性试题能比较全面地考察受试者的综合语言能力，命题相对简单些，但是阅卷评分比较难，往往会因为阅卷者的个人主观认识来左右测试结果，大规模的测试还要耗费大量的人力和经费。客观性试题阅卷评分比较简单、方便，可以运用机器进行科学的阅卷，试题的覆盖面也能有相对保证。但是，客观性试题的命题难度相对要大些，在考察受试者的语言表达能力和综合能力方面有一定的局限。以前的汉语水平考试（HSK 初、中等）的题型都是客观性试题。实际上，要想全面考察受试者的各项言语技能和言语交际技能，比较科学的方法是主观性试题和客观性试题相结合。汉语水平考试（HSK 高等）的题型就采用了这两种命题方法，其中口试和作文部分的考试就是主观性试题。

3. 分立式试题和综合性试题

这是从试题的题型（测试内容的特点）角度进行分类的。分立式试题是对受试者所掌握的语言知识和语言技能进行分项测试，目的是考察受试者的单项语言能力，多项选择、综合填空、改错等题型都属于分立式试题。综合性试题是对有关的言语技能和相应的言语交际技能进行综合测验，听力、说话、阅读理解以及写作等方面的试题都属于综合性试题。

4. 测试的质量保证

试题的效度、信度、区分度和反馈作用是反映语言测试的质量四个重要方面，理想的语言测试应当在这四个方面都达到较高的质量水平。

（1）效度。效度也就是有效性，指测试的有效程度，也就是测试的内容和方法是否达到了测试的目的。要保证效度，关键是测试的项目和内容要与测试目的相一致。这种一致性具体表现在这几个方面：第一，有的放矢，该测的就要测，不该测的不涉及。第二，该测量的部分还要注意是否有缺漏或出现偏题、怪题。第三，要注意试题所包含内容的代表性、准确度和覆盖面如何。例如测量阅读理解的能力，就必须设计含有相关的汉字、词汇、语法、社会文化等方面知识的综合性阅读试题，而不是只设计某一两个方面知识的分立式试题。另外阅读理解必须有一定的速度，因此，卷面的长度要与测试的时间一致，这就要求有一定的卷面长度，如果卷面太短，那么阅读速度就测量不出。再如，成绩测试要以主要的教学内容为主，如果试题内容超过了一定的教学范围，那么试题有效性就会受到影响，自然也无法实现测试的目的。

具体来说，保证试题的效度要注意以下几点：首先，明确测试目的。

例如测试听力理解，如用篇幅过长的文本，就难以确定受试者的听力水平和记忆力两者之间究竟是哪一个起的作用。其次，命题要遵循原则。试题的语言表达必须清楚，要求必须明了。试题不宜过多或过少，过难或过易，否则就很难真实、全面地反映受试者的水平。再次，要避免试题之间相互暗示或在编排顺序方面可能暗示某些试题的答案。另外，考试的组织管理必须严格。测试指导语应该规范、明确，考试环境和设备要达到相应标准，考场组织纪律必须严格，监考人员在收发试卷时行为要符合规范等。

（2）信度。信度是指测试的可靠性，指测试结果的可靠程度和稳定性。换言之，就是同一个卷面和难易程度相同的试题用于水平基本相同的受试者，测试结果是否基本相同，是否反映了受试者的实际水平。语言测试是测量受试者语言水平的工具，工具本身必须可靠。同一试卷测量同一受试者，在其语言知识水平和能力水平没有变化的情况下，如果几次测量的结果都不同，则说明测量工具有问题。测试的成绩越接近受试者的真实水平，则测试的信度也就越高。要保证试卷的稳定性，必须讲究测试的信度。而试卷的稳定性对水平测试而言，可以保证达到同一分数线的受试者具有基本相同的水平；对成绩测试而言，除了保证达到同一分数线的受试者具有基本相同水平外，还能较为客观地反映教学质量和教学情况。

决定卷面信度的主要因素有：

第一，卷面构成。其基本要求是，测试项目要合理安排，测试内容必须有一定的代表性和覆盖面。

第二，试题的数量。难易相当的同类题型的数量越多则信度越高；题量少，偶然性就比较大，则信度相应的就低。

第三，评分标准和办法。评分标准客观、评分办法科学则信度高。一般来说，主观性试题的信度比较低，客观性试题的信度较高。解决的办法是对于主观性试题的评分要尽量客观化。

第四，受试者水平。受试者水平有差异，测试的可靠性就高。验证和提高卷面信度的主要办法是进行试测对比，经过多次试测对比和筛选，可以保证卷面的信度。此外跟踪调查测试对象的学习情况也可以作为衡量信度的一个标准。如果受试者在学习中反映出来的语言水平跟得分情况基本相符，就说明卷面的信度符合要求。

（3）区分度。区分度指测试区分受试者水平差异的性能。如果受试者的水平有很大的差异，而测试结果却很接近，则说明该测试的区分性差。测试的区分度可以从试题的难易度和试题的区分度这两方面进行考察。试题的难易度是指试题的难易程度的比例应该适当。难度太高，能答对的人极少；难度太低，受试者都能答对，这两种情况不能反映受试者的真实水平。为了区分受试者的水平差异，试题的难度要保证一定的比例和跨度，可以把试题按难易程度分为若干等次，从而拉开受试者的距离。试题的区分度指试题能区分受试者水平差异的程度。试题的区分度与试题的难易度密切相关。如果将受试者分为若干组，某一道试题如果高分组答对，低分组答错了，那么这道题就有较好的区分度。

（4）反馈作用。反馈作用是指测试对教学所产生的影响。任何测试都会对教学带来反馈作用，反馈作用有积极和消极之分。能很好地引导教学，促进学生的学习是积极的反馈；反之如果误导教学方向，甚至出现教学为考试服务的情况则是消极的反馈。要使测试本身起到积极的反馈作用要注意以下两个方面：一是测试项目、内容和试题题型的选择与确定要有利于指导课堂教学，二是测试标准和试题难易深浅都要适度，这样才能有利于教学水平的提高。

第三章

中国传统文化影响下的对外
汉语教学的手段和方法

第一节　教学理论与教学方法的重要性

第二语言教学是随着人们交际范围的扩大，特别是不同民族之间人们的频繁交际而形成的，从历史上看，第二语言教学的研究已经有较长的历史，第二语言教学实践的历史更为长远。在这一进程中，人们提出过一些第二语言教学的教学理论，也总结了很多第二语言教学的教学对策和教学方法，在第二语言教学方面取得了很多成果。

对外汉语教学属于第二语言教学，适用第二语言教学的教学理论，也适用第二语言教学的教学对策和方法。但是，以往的第二语言教学研究主要侧重于印欧语系的语言，其教学理论、教学对策和方法主要是针对印欧语系的语言总结的，对外汉语教学的教学对象和研究对象是汉语，而汉语毕竟是一门具有自身特点的语言，与印欧语系的语言有很大不同。第二语言教学具有共性特征，但特定语言的具体特点不同，其教学对策和教学方法也应有所不同，教学理论也应随之改进。

因此，在对外汉语教学的实践和研究中，从事对外汉语教学的教学人员和研究人员既要重视对外汉语教学与其他第二语言教学存在的共性特征，吸收国外先进的第二语言教学理论，应用于对外汉语教学的实践；也要重视汉语的特点，重视对外汉语教学的特殊性，实践和总结适应对外汉语教学特点的教学对策和教学方法，研究和创建以对外汉语教学为对象的教学理论。

第二节　汉语语音教学对策与教学方法

在对外汉语教学的初级阶段，"正音"是重要的教学环节，它关系到汉语学习者在听和说方面学习和掌握的进度，也关系到汉语学习者未来的语音面貌。即使在对外汉语教学的中高级阶段，仍然需要不断正音，不断改善汉语学习者的语音面貌。

对外汉语教学的各个阶段正音教学的重点不同。在初级阶段，正音的重点是字音，纠正汉语学习者在声母、韵母、声调方面的偏误，适当兼顾词音；在中级阶段，正音的重点是词音，纠正汉语学习者在多音节词语方面的偏误；在高级阶段，正音教学不是重点，正音主要是针对汉语学习者出现的偏误，随时纠正，巩固语音教学的效果。

正音是一个复杂的过程，从对外汉语教师方面来说，涉及教师正音的重点、步骤和采用的方法，需要对外汉语教师既要了解汉语的语音系统和特点、掌握语音理论和发音原理，也要充分了解汉语学习者的情况，包括汉语学习者的母语语音系统和特点、汉语学习者已有的汉语程度和语音面貌，这样，在对外汉语教学中才能体现针对性。从汉语学习者来说，正音是学习和掌握一种语言的重要而且必要的过程，通过不断的正音，汉语学习者可以使自己语音方面的中介语不断向目的语——汉语靠拢，汉语学习者要通过语音对比，包括与教师、录音、汉语说话者的语音对比，也通过对教材中汉语语音发音要领的描述，提高自己汉语语音的正确程度。

对外汉语教师的正音教学在汉语教学中起重要作用。对外汉语教师采用恰当、有效的语音教学策略和教学方法，可以提高汉语学习者在语音方面的学习效果和学习效率。

一、声调教学的教学对策和教学方法

汉语的声调是对外汉语教学中语音教学的难点和重点，有些汉语学习者虽有多年的汉语学习经历，但声调的偏误仍很明显。

我们在前面说到，在汉语的四个调类中，产生偏误的情况是不一样的，上声偏误的情况比较普遍，阴平偏误的情况次之，阳平、去声的偏误情况较少。因此，我们在教学中的对策应该是突出重点，首先突破上声、阴平两个声调，使汉语学习者的语音面貌在短期内得到明显改善，使汉语学习者能够感觉到口语交际能力得到增强，提高汉语学习者的学习兴趣。

针对汉语学习者上声的偏误，可以采用以下教学方法。

1. 在教材上标记上声字，以引导汉语学习者注意

对外汉语教材的生词有汉语拼音注音，初级的对外汉语教材在前部的课文中大都有全篇的汉语注音，上声偏误比较严重的汉语学习者可以对上声字做出特殊标记；对于没有汉语拼音注音的课文，应叫汉语学习者对上声字做出上声标记（∨）。

2. 突出重点

在初级阶段，汉语学习者的声调偏误可能很多，表现在多个方面，这时对外汉语教师不能全面纠正，而是要突出重点，有计划、有步骤地解决汉语学习者的声调偏误问题。上声偏误的纠正重点应该先是常用字、高频字，然后是其他字；在词语方面也应该先是常用词语，然后是其他词语。

3. 手势引导

通过手势纠正声调偏误，开始是应用在国内的普通话训练中，这种方

法应用在对外汉语教学的语音教学中，也收到了比较好的教学效果。但这种方法只能用在字词的朗读中，而不能用在课文教学中。

针对阴平的偏误，对外汉语教师应该提醒汉语学习者注意把握汉语阴平调类"平"的特点，不要向上升成为阳平，或者向下降成为去声。在语音教学中，可用两个阴平字组成的词语进行训练，如"当心、公司、书包、参观、车间、搬家"等，这样可以强化学习效果。

阳平、去声的偏误比较少见，在对外汉语教学的语音教学中，也可以采用上述方法纠正。

声调偏误也表现为汉语学习者的个体差异性，即使是母语相同的汉语学习者，其声调偏误的情况和程度也有所不同。因此，在对外汉语教学的课堂教学中，对外汉语教师应注意汉语学习者声调偏误的共性与个性，统一解决共性偏误，个别解决个性偏误，不要平均使用力量。

二、音节的教学对策和教学方法

有些汉语学习者能够读准单音节的字，但在读某些双音节的词时发生偏误。其中原因一是汉语的音节声调，有时也包括声母、韵母，在连读时发生了变化，二是汉语学习者忽视汉语音节组合的连续性，分不清词和词的界限；三是连续的音节使语音更加复杂化了。因此，对外汉语教师需要研究和总结双音节词语语音变化的情况和规律。

三、轻声词的教学对策和教学方法

轻声词是对外汉语教学中的难点和重点。

轻声词的规范是现代汉语规范化的一个方面，从轻声词的分布来看，有以下情况：①必读轻声的词。也就是这个词或这个词的后一音节只读轻声，没有非轻声的读法。例如助词"的、地、得、了、着、过"等，双音节词"棉花、将就、麻烦、衣服"等。②可读轻声，也可以不读轻声的词。这类词又可以分为两类，一类是轻声和非轻声的不同读法具有区别词性或区别意义的作用，如"精神"，读轻声是名词，读非轻声是形容词；"合计"，读轻声意义是"盘算""商量"，读非轻声意义是"计算""总共"。另一类是轻声和非轻声的不同读法没有区别意义的作用，如"西瓜"。

第三节　汉语词汇教学对策与教学方法

词汇在语言中处于重要位置，词汇教学也历来是语言教学的重要内容。如何快速有效地增加语言学习者的词汇量，增强语言学习者对词语的运用能力，是第二语言教学研究的一个重要内容。词汇作为语言的三要素之一，其在语言教学中的重要性是显而易见的。对于对外汉语教学来说，词汇教学的重要性还表现在其实用性上，因为在学汉语的学生中，以后真正要进行汉语教学和汉语研究的人是极少数，绝大多数人只是把汉语作为有利于自己工作、学习的一种工具。因此，在对外汉语教学中，我们要重视词汇教学，重视如何快速有效地增加语言学习者的词汇量，增强语言学习者对词语的运用能力的问题。

语言教学中，词语的掌握有三个阶段。

1. 初现

语言学习者初次接触某个词语，有初步印象，但对词语的具体意义还缺乏深入的了解。在这个阶段中，虽然有时语言学习者借助语境可以大致猜测这个词语的意思，但他们对这个词语的了解是朦胧的，不清晰的。

2. 达意

语言学习者通过教师对词语的讲解或自己翻查词典，了解了这个词语的基本意义或这个词语在这个语境中的意义。在这个阶段，语言学习者对词语意义和词语运用已经能够初步把握。

3. 复现

语言学习者学习过的某个词语在语言材料的另一种语境中再次出现。

词语复现的情况有两种：一是这个词语以初现时的意义在一中不同的语境中出现；二是这个词语以不同的意义（多义词的其他意义）出现。一般来说，复现率比较高的词语，也是语言学习者最应该掌握的基本词语。在语言教学中，词语的复现，对于语言学习者了解和掌握词语是十分重要的。

一、教师扩展词语的方法

总结对外汉语教学工作，我们认为，教师扩展汉语学习者的词语主要有以下方法。

1. 同义扩展

同义扩展就是利用同义词扩展汉语学习者的词语。

汉语中有大量的同义词，它能够使汉语表达准确、细致、严密，恰当地使用同义词，对于汉语表达来说，是十分重要的。利用同义词扩展汉语学习者的词语，不但可以增加汉语学习者的词汇量，还可以使他们了解和掌握汉语同义词之间的区别，进而准确地使用。

进行同义扩展要求对外汉语教师具有较高的辨析同义词的能力。对外汉语教学中的辨析同义词和我们母语教学中的辨析同义词既有共同点，也有区别，对外汉语教学中的同义词辨析更注重词语运用方面的区别，也有一些同义词在母语教学中不是重点，学生在语感上已经能够区分，但对于汉语学习者来说却是难点，他们不容易把握这些同义词运用的不同语境。在对外汉语教学中，汉语学习者可能随时提出同义词的区别问题，对外汉语教师一方面在备课时要有所准备，一方面要不断学习，提高辨析同义词的能力。近年来出版了很多同义词辨析方面的书，对外汉语教师应该经常阅读，积累知识。

在对外汉语教学中，同义扩展包括前期预予和后期概括两个方面：前期预予是在学习一个词语时，联系汉语学习者在后期学习中将会学到的同义词，进行比较辨析，使汉语学习者能够把前后的学习联系起来；后期概括是在汉语学习者掌握了一定数量的词语时，对其中的同义词进行总结，加深汉语学习者对这些同义词的印象。

2. 反义扩展

反义扩展就是利用反义词扩展汉语学习者的词语。

语言中的反义词用来说明矛盾对立的事物或现象，学习和掌握反义词，有利于汉语学习者从认知角度学习和掌握汉语，恰当而准确地使用联想手段进行汉语思维。

反义扩展的使用原则是由易到难，要适应汉语学习者的学习程度和情况，有利于丰富汉语学习者的词汇。反义扩展可以使汉语学习者的表达更加流畅自然，例如，有的汉语学习者学习了"长"以后，没有掌握它的反义词"短"，就只能表达为"不长"，缺少了成对概念的另一端。

3. 类义扩展

类义扩展就是利用类义词扩展汉语学习者的词语。

语言中的类义词是指表示一个大类中所包含的各个同类事物的一组词语，在汉语词汇语义学中，类义词同属于一个语义场。例如"电视机、电冰箱、微波炉、排油烟机、空调"属于类义词，它们同属于"家用电器"这个大类，也可以说同属于"家用电器"语义场。

类义扩展的作用，一是可以丰富汉语学习者的词汇，二是可以使汉语学习者掌握类义词中不同词语间的区别，三是汉语学习者容易接受也乐于接受这种扩展方法。

在汉语教学中，类义扩展的教学要求是适当、有用。适当是指教师对类义词的介绍不要追求全、多，应适可而止，过多地介绍类义词反而使学生不知所措，容易冲淡主要的教学内容。有用是指介绍的类义词应该是常见的、重要的，掌握这些类义词有利于汉语学习者的语言交际。

二、纠正词语偏误的对策和方法

汉语学习者的词语偏误可以概括为词形偏误、词音偏误、词义偏误和使用偏误等几个方面。

1. 纠正词形偏误的对策和方法

词形偏误的表现因汉语学习者的来源地不同而不同。一般来说，欧美的汉语学习者的词形偏误大多表现为同音偏误，即使用了与词中用字同音的字，也就是我们常说的别字。日本的汉语学习者的词形偏误大多表现为用日语汉字代替汉语的汉字。在日语中使用一定数量的汉字，但其中有一些汉字与我们现在使用的汉字字形不同，但组合成的词语的意义却是相同或相近的，这就容易造成日本的汉语学习者在词形书写方面的偏误。

对于欧美等地的汉语学习者的词形偏误，应该采取以下教学对策和方法。

（1）加强汉字字义的教学

汉字具有表意性，汉字的字义和词义密切相关，汉语学习者掌握汉字的字义，有助于他们对汉语词义的理解，也有助于纠正词形方面的偏误。例如"休息"中的"休"是会意字，由"人"和"木"组成，"木"是树，会出"休息"的意思；"身体"中的"体"是会意字，由"人"和"本"组成，"本"是"根、根本"的意思，会出"一个人的构成、人的根本"的意思。掌握了这两个汉字的字义，就不会把"休息"写成"体息"，把"身体"写成"身休"。

（2）加强汉字部首的教学

形声字在汉字中占很大比重，形声字由形旁和声旁构成，理解形声字字义的关键是理解形声字形旁的意义。形旁一般属于部首，所以汉字部首意义的掌握对于汉语学习者来说是比较重要的，可以用于纠正词形的偏误。

《现代汉语词典》的部首是188个，但是常用的部首也就是几十个，如"山、木、心、土、车、口、贝、女、火、日、气、穴、目、田、衣、虫、走、雨、金、门、食"等。这些部首的意义可以结合单个汉字的教学进行。

在部首教学中，要注意使汉语学习者掌握变形部首。汉字里的变形部首的特点是使用频率高，都是常用的部首，对于理解汉字的字义是非常重要的。

（3）加强词语的书写训练

欧美等地的汉语学习者大多对学习汉字有畏难心理，不愿意用汉字书写词语。对外汉语教师要采取多种教学方法，提高他们的学习兴趣，加强词语的书写训练。这些教学方法可以有记日记、猜词、词语比较、词语填空等。

对于日本的汉语学习者的词形偏误，应该采取以下教学对策和方法。

（1）汉字对比

对外汉语教师要熟悉日语中使用汉字的情况，了解日语汉字和汉语汉字的异同点，这样教师就能够预测日本的汉语学习者可能出现的词形偏误的情况，使教学内容更有针对性。

（2）词语比较

对日语和汉语中意义相同或相近而词形略有区别的词语，教师可以采取词语比较的方法，使汉语学习者注意两者词形方面的区别，避免产生词形偏误。

2. 纠正词音偏误的对策和方法

词音偏误包括两个方面：一是由于汉语学习者的字音偏误而引起的词音偏误，二是多音节词语连读时的语流音变偏误。对于第一方面，我们已经在前面做了阐释，这里不再赘述。对于第二方面语流音变方面的偏误，应采取以下教学对策和方法。

（1）通过范读引导学生注意多音节词语中调值的变化。汉语声调有四个调类，调值分别是阴平55、阳平35、上声214、去声51，但在多音节词语中，由于音节处于重读或轻读等的不同位置，调值会有所不同，也就是说，多音节词语的调值情况，并不等于每个音节调值的加合。对外汉语教师要通过自己对词语的范读，使汉语学习者体会这种变化。

（2）在初中级对外汉语教材中，对多音节词语的轻重格式类型，可以用一定的方法示出，以利于教师的教学和汉语学习者的学习。

3. 纠正词义偏误的对策和方法

从大的方面说，词的意义有词汇意义和语法意义，其中，词汇意义又可以分为理性意义和色彩意义。色彩意义包括感情色彩、语体色彩和形象色彩。因此，可以说词义是一个复杂的概念，由此产生的词义偏误表现和类型很多，也最为复杂，这要引起对外汉语教师的重视。

纠正词义偏误的对策和方法主要是解释词语意义的方法要灵活多样。

一些对外汉语教师按照词典的解释来给汉语学习者解释词语的意义，常常造成教学效果不佳和汉语学习者的困惑。词典的解释是有用的，但也有局限，因为我们现有的汉语词典大多是为本国人编写的，其对词义的解释也是适应本国人情况的。用这种词典进行对外汉语教学，一是这种解释可能不适合汉语学习者的接受程度，使汉语学习者难于理解词义；二是词典中一般只解释词的理性意义，对词的附加色彩意义、文化内涵、语素意义则很少提及。

因此，在对外汉语教学中，教师在不同阶段解释词语意义的方法要灵活多样，总的原则是词义解释要适应汉语学习者的理解程度，要适应这个阶段的教学需要，与这个阶段的教学要求相配合，使汉语学习者能够正确地使用词语。用这个原则指导我们在教学中决定对词语解释多少内容，解释到什么程度。

另外，我们也希望有识之士能够编写出适应对外汉语教学需要和要求的现代汉语词典。

4. 纠正词语使用偏误的对策和方法

词语的语音、语义、词形、语法等方面的偏误都可以叫作词语的使用偏误，但我们这里所说的词语的使用偏误是特指的，即指由于文化冲突而引起的词语使用偏误。

对外汉语教学是针对外国人而进行的汉语教学，外国的汉语学习者在汉语学习过程中不知不觉地要面临两种文化的冲突。汉语本身蕴涵着中国文化，运用的方法和使用的环境要受到中国文化的影响和制约，而汉语学习者具有的母语和母语文化在其学习和使用汉语中也会施加影响，这就会导致汉语学习者词语使用方面的偏误。

针对词语使用方面的偏误，我们建议采用以下教学对策和方法。

（1）将中国文化教学融入汉语教学之中

对于语言和文化的关系，学术界有过讨论，有人主张语言和文化的同一关系，有人主张语言和文化是真包含于关系，有人主张语言和文化是交叉关系，总的来看，不管这样，人们认为语言和文化关系密切。对外汉语教学界曾开展过关于文化教学和汉语教学关系的讨论。

（2）创设语言交际环境

交际法是第二语言教学法之一，运用交际法可以使语言学习者在交际中熟悉词语的使用方式和使用环境，在具体的语言环境中加深对词语各种意义的理解。

在交际训练中，教师应该以鼓励为主，多肯定汉语学习者正确的地方，以使汉语学习者肯说、敢说，增强交际的连续性，对于汉语学习者在交际中表现出的偏误或不当之处，应在交际训练后的讲评中指出。

（3）词语搭配训练

词语搭配训练是提高汉语学习者使用词语能力的有效方法和手段，词语搭配训练既可以增强汉语学习者对汉语词义和汉语词语功能的理解，也可以增强汉语学习者对词语文化含义的理解，以及对词语运用环境的认识。

词语搭配训练中，教师要在词语意义的轻重、词语意义的范围、词语的感情色彩、词语的语体色彩、词语的适用对象等方面给汉语学习者以指导。

第四节　汉语语法教学对策与教学方法

一、对外汉语教学语法的要求

对外汉语教学中的语法属于教学语法，它有和其他教学语法的共同特点，也有区别于其他教学语法的不同之处。

作为对外汉语教学的语法，它也有自身的特点。对外汉语教学的语法要尽可能和汉语学习者已有的母语语法知识结合起来，以利于汉语学习者学习。我们说尽可能结合，并不是说要和汉语学习者的母语语法一致，而是说要符合大多数国家流行的教学语法体系，在一些必须使用的术语上，如词类术语、句子成分术语等，尽可能与其保持一致，语法分析的理论和方法尽可能保持一致。

二、对外汉语教学语法的教学要求

1. 对外汉语教学语法教学要作为整体教学的一部分

对外汉语教学语法是为汉语学习者学习、掌握和运用汉语服务的，汉语学习者不是为了学习语法而学习语法，而是把语法作为学习汉语的工具。因此，对外汉语教学语法应该作为对外汉语整体教学的一部分，把语法教学融入对外汉语教学之中。

2. 要循序渐进，和汉语学习者的学习进度一致

对外汉语教学语法应该作为对外汉语整体教学的一部分，把语法教学融入对外汉语教学之中，具体做法就是把对外汉语教学语法的内容按照循序渐进的原则，编入对外汉语教材之中。

对外汉语教学语法的教授要与汉语学习者的学习进度一致，先简单，后复杂，先基础，后发展，符合教学的规律。从语法的内容来说，应该按照词类、句子成分、句型、特殊句式的顺序进行教学。对外汉语教材课文的选择要考虑到语法教学的需要，使学生学有所用。

3. 要深入浅出、生动活泼地讲解

语法比较抽象，也比较枯燥，要使汉语学习者有学习兴趣，教师深入浅出、生动活泼的讲解十分重要。要做到这一点，教师应该把握如下教学方法。

（1）讲解要简明扼要

语法教学只是对外汉语整体教学的一部分，起帮助汉语学习者学习和掌握汉语的作用，所以对外汉语教学中的语法教学应当简明扼要，避免繁琐。要做到简明扼要，教师在掌握整个对外汉语教学语法体系的基础上，

必须很好地掌握语法点，掌握语法难点和重点，能够把握要点解释语法要素和语法类别。

（2）尽量少用术语

在对外汉语语法教学中，使用语法术语要适当。在必须使用术语而且这个或这些术语出现的频率较高的情况下，可以使用术语，而在可用可不用的情况下，尽量少用术语。

必要的术语可以帮助教师简明准确地讲解汉语语法内容，但是如果使用的术语过多过滥，反而会给汉语学习者造成不必要的学习和记忆负担，影响对外汉语教学的效果。

（3）举例要生动有趣

要避免语法讲解的枯燥，教师的举例要生动有趣，能够吸引汉语学习者的注意力，引发他们的学习兴趣。

（4）结合汉语学习者的语法偏误

结合汉语学习者的语法偏误讲解语法内容，能够使汉语学习者重视汉语语法知识的学习，重视语法知识的实践作用，提高他们运用汉语进行交际的能力。

4. 要注意汉语语法的特点

教师要通过对汉语学习者母语语法和汉语语法的对比，总结汉语语法的特点，这些特点常常就是我们进行汉语语法教学的重点和汉语学习者学习汉语语法的难点。了解了汉语语法的特点，教师就能够在教学中突出重点和要点，精讲语法内容。

三、注重汉语学习者语法偏误的纠正

对外汉语教学中的语法教学应该以纠正汉语学习者的语法偏误为中心，这样做一是符合教学语法的教学规律，二是这样可以把语法教学与汉语的学习和掌握结合起来。

纠正汉语学习者语法偏误的教学对策和教学方法如下。

1. 预测汉语学习者可能产生的语法偏误

为了纠正汉语学习者的语法偏误，对外汉语教师要依据中介语理论，对汉语语法和汉语学习者的母语语法有一定的了解。对外汉语教师要通过两种语法各方面的对比，如词类特点对比、句子成分情况对比、句型构成情况的对比等，研究和发现汉语语法与汉语学习者母语语法的相同点和不同点，从而预测汉语学习者在汉语语法学习中可能产生的语法偏误，研究纠正这种偏误的教学对策和教学方法。

教师对汉语学习者的语法偏误预测是为了做好教学准备。但是由于汉语学习者的学习策略、学习方法等个性差异有所不同，因而某些语法偏误在一些汉语学习者中发生，却可能在另一些汉语学习者中不发生，可以说，语法偏误对于每个汉语学习者来说并不是必然的。

2. 概括和归纳汉语学习者语法偏误的类型

汉语学习者的语法偏误现象是纷繁复杂的，对外汉语教师要善于把纷繁复杂的语法偏误现象条理化、系统化，进而运用适当的标准，概括和归纳汉语学习者语法偏误的类型。

在概括和归纳汉语学习者语法偏误的类型时，对外汉语教师要注意汉语学习者语法偏误中的共性特征与个性特征。所谓共性特征是指具有共同母语的大多数汉语学习者所产生的语法偏误，这种语法偏误常常是因为汉语学习者在汉语学习中因母语语法的负迁移而形成的；所谓个性特征是指个别汉语学习者所产生的语法偏误，这种语法偏误可能是因为汉语学习者在汉语学习中因母语的负迁移而形成的，也可能是因为汉语学习者个人的学习策略、领悟水平的差异而产生的。对于汉语学习者具有共性特征的语法偏误，对外汉语教师应该在课堂语法教学中讲解汉语语法要点，强调汉语语法的特点，纠正汉语学习者的语法偏误。对于汉语学习者具有个性特征的语法偏误，则要采取个别指导的方法解决。

3. 语法教学的教学方法

要纠正汉语学习者的语法偏误，教师的语法教学方法非常重要。在对外汉语教学中，可以采用的语法教学方法主要如下。

（1）归纳法

归纳法是列举语法现象，然后归纳出语法点进行讲解的语法教学法。

例如举出"马克告诉我们一个好消息""肖老师教我们汉语""我们应该送肖老师一个礼物""我们第一次送中国人礼物""你们送他什么礼物"等句子，寻出语法点——双宾句，然后归纳汉语双宾句的特点。

归纳法列举的语法现象，可以是对外汉语教材中的例句，也可以是教材课文中的句子。

（2）解析法

解析法是分析语法现象的构成和特点的语法教学法。

在对外汉语教学中，解析法的运用常常是在语法点的讲解中，教师通过例句解析语法现象。例如讲解"结果补语"这个语法点，教师通过"打开""看完"'写好"等语法现象，解析结果补语出现的环境和特点：结果补语前的中心语是动词；结果补语一般由动词、形容词充当，如"完、开、到、动、好、错、坏、清楚、明白"等中心语和结果补语之间一般不用助词"得"；在"动词+结果补语"的结构中，动词与结果补语存在因果关系，动词为因，补语为果；"广动词+结果补语"的结构可以带宾语。

（3）比较法

比较法是通过类似语法现象的比较而讲解语法内容的语法教学法。

在对外汉语教学的语法教学中，用来比较的语法现象应该是类似的，有联系的，例如词类中双音节动词的重叠形式和双音节形容词重叠形式的比较，动态助词"了、着、过"的比较，副词"刚"和"才"的比较，结果补语和程度补语的比较，施事主语和受事主语的比较、受事宾语和施事宾语的比较，带宾主谓句和"把"字句的比较，等等。

在教学中，比较法通常用于新语法知识和已经学过的语法知识进行比较，这样，汉语学习者不但能够通过比较比较容易地理解和掌握新的语法知识，而且对已经学过的语法知识进行了复习和巩固，起到了"温故而知新"的作用。

比较法也包括汉语语法内容和汉语学习者母语语法内容的比较。

（4）公式法

公式法是用类似数学公式的方法进行教学的语法教学法。

在对外汉语教学中，公式法一般常用在句型和句式的教学中，这主要体现在三个方面。

一是用在对句型或句式的讲解教学中，用公式概括句型或句式，例如汉语双宾句的句型公式可以概括为"S+V+Q+Q"，汉语连谓句的句型公式可以概括为"S+Vj+（O，）+V$_2$+（Oz）"，"（）"代表可以有这个句子成分，也可以没有这个句子成分。

二是用在不同句型或句式的比较中，用公式显示不同句型或句式的异同，例如比较用"过"的句子的疑问形式和否定形式的公式：

S+V+过+（O）+没有？（疑问句）

S+V+没+V+过+O？（疑问句）

S+没（有）+V+过+（O）。（否定句）

三是用在句型或句式转换的教学中，例如一般带宾主谓句转换为"把"。

S+V+O—S+把+O+V

用公式法进行对外汉语教学中的语法教学，能够使汉语句型的构成情况简单明了，一目了然，也能够加深汉语学习者对汉语句型或句式的印象，便于他们理解和掌握汉语语法。

四、注重汉语虚词的教学

汉语虚词是汉语重要的语法手段，在语法结构中起重要作用，虚词的使用也是汉语学习者的学习难点。

目前的对外汉语教材中的虚词教学基本上是采用单个教学的方法，即把虚词放到各篇课文的教学之中，一个个地进行教学。也有的教材在单个虚词教学之后，对同类的虚词进行归纳总结，并比较它们的异同。

汉语虚词的特点如下。

（1）使用频度高，大多数属于常用词

虚词大部分是高频词，但是它们的频度还是有区别的，按照虚词的类别来说，虚词频度由高到低的排列顺序是：助词、连词、介词、语气词；从单个虚词来说，在汉语中出现频率比较高的虚词是"的、了、过、着、和、在"等。

（2）意义比较复杂，有多种用法

一般的规律是常用的是复杂的，由于虚词大多数属于常用词，因此虚词意义和用法常常是复杂的。例如助词"的"，《现代汉语词典》按照用法列举了6个义项：①用在定语后面；②用来造成没有中心词的"的"字结构；③用在谓语动词后面，强调这动作的施事者或时间、地点、方式等；④用在陈述句末尾，表示肯定语气；⑤用在两个同类的词或词组之后，表示"等等、之类"的意思；⑥用在两个数量词中间。其中第一个义项又分为4个小类。《现代汉语虚词例释》（北京大学中文系1995、1957级语言班编，商务印书馆1982年9月）列举了"的"的三和作用：①用在定语跟中心语之间；②"的"黏附在词或词组之后，组成'的'字结构；③其他用法。其中第一种作用又分为6个小类。

（3）虚词在语言里出现的情况比较复杂

概括起来，可以说有两种情况：①必用虚词，例如动词性短语做定语必须用助词"的"（走路的人）；②可用可不用虚词，这又分为两种情况：一是用不用虚词不影响基本语义，如"我哥哥——我的哥哥""工人农民——工人和农民""桌子上的书——在桌子上的书"，二是用不用虚词影响语义，如"开车——开的车""学习汉语——学习了汉语"。

汉语虚词的这些特点使虚词教学在对外汉语教学中既是重要的，又是相当有难度的。

汉语虚词的教学对策和教学方法如下。

（1）先主要，后次要；先分教，后总结

先主要后次要含有两层意思：一是把汉语虚词按照常用的频度情况分为主要虚词和次要虚词，先教主要虚词，后教次要虚词；二是就某个汉语虚词来说，把它的用法按照常用的频度情况分为主要用法和次要用法，先教主要用法，后教次要用法。

虚词的意义比较复杂，用法多样，在对外汉语教学中，应该先教其中的主要用法，然后教次要用法。例如助词"了"，应该先教表示动作或变化完成的用法，然后教用在句末的语气词用法，最后教其他的用法。这种先主要、后次要的教学顺序，体现循序渐进的教学原则，也适应汉语学习者汉语交际能力逐渐提高的情况。

先分教后总结也有两层意思：一是对某类虚词先分别进行教学，然后进行总结，在总结中比较这些虚词的异同；二是对某个虚词的不同用法分别进行教学，然后总结。

分教和总结可以是分层次的，例如在汉语介词的教学中，可以在教"在、于、从、往、到"等介词以后，对这些表示时间、处所、方向的介词进行总结，比较它们的异同："在、于"是静态的，"从、到、往"是动态的。然后在教表示方式、原因、对象等的介词以后，对整个介词进行总结。

（2）把虚词教学和中国文化教学相结合

汉语虚词的使用有时体现中国文化的特点，如果把汉语虚词教学和中国文化结合起来，更能够使汉语学习者熟悉和掌握汉语虚词的用法，并且能够熟练地加以使用。下面我们简单介绍一下汉语虚词的文化含义。

①汉语介词体现中国文化中的时空一致性含义

在中国文化中，时间和空间是一致的，而且是可以互相转换的。这在汉语中有很多体现，例如汉语的趋向动词的意义有很多表现出时间和空间的转换关系，如"来、去、起来、下去、过来、过去"等。

汉语介词也体现出时空一致性的含义，介词的使用常常既可以表示时间，也可以表示空间，如"在去年"中的"在"表示时间，"在北京"中的"在"表示空间，"从、到、于"等介词的用法也具有这个特点。

②汉语连词"和、跟、与、同"体现的文化含义

汉语连词"和、跟、与、同"能够连接词、短语，表示联合关系，构

成联合短语。

"和、跟、与、同"构成的联合短语我们可以表示为"A+B"。中国文化重视位置关系，在"前、后"的关系中，以前为重，在联合短语"A+B"中，A 在语义上一般是主要的、重要的、重点的，如用"哥哥""弟弟"构成联合短语，一般是"哥哥和弟弟"，重视年龄的大小；"这个工厂生产彩电、冰箱"，意味着彩电的产量比冰箱高；"老师和同学们"是按照地位高低构成的。如果联合短语中有"我"，"我"一般处于 A 的位置上，如"我和妈妈""我和其他同学"，体现以"我"为中心的语言观察角度。

（3）重视虚词的位置教学

虚词的位置包括两个方面：一是虚词自身在句子中的位置；二是虚词与其他词语构成的短语在句子中的位置。

虚词自身在句子中的位置主要是指助词"的、了"的位置。

助词"的"的情况包括"的"的有无和位置问题。

五、注重汉语特殊句型的教学

所谓特殊句型，是指具有一定特点的，以某些标志为特征的句型。"特殊"还有一层含义，即一般是某种语言特有的。

对于汉语特殊句型的范围，学术界还有不同的看法，所认定的特殊句型也有多有少。我们认为，就对外汉语教学来说，汉语的特殊句型不同于母语讲授的特殊句型，它既是相对于汉语的一般的、普通的句型而言，也是相对于其他语言的句型而言。

学习和掌握汉语的特殊句型，能够进一步加深汉语学习者对汉语特点的了解，更加熟练地理解和运用汉语。

我们认为，汉语的特殊句型大致包括以下句型：主谓谓语句、连谓句、兼语句、"把"字句、"被"字句、"连"字句、"是"字句、存现句等。

1. 主谓谓语句的教学

主谓谓语句是主谓短语充当谓语的句子。

主谓谓语句的句子公式可以表述为"Si+Sz+P"，全句的主语（SQ 叫大主语，做谓语的主谓短语的主语叫小主语（岛），其构造是：

这件衣服　　样子　　很好看。

|　大主语 II　|

I 小主语 H I

按照对外汉语教学的需要，从大主语和小主语的性质及关系来看，主谓谓语句分为四种类型：

（1）大主语受事，小主语施事。例如"这课的汉字我写完了。

（2）大主语施事，小主语受事，例如"我早饭吃过了"。

（3）大主语和小主语为领属关系，例如"那双鞋价钱太贵"。

（4）大主语和小主语存在复指关系，例如"四节课学完一课，这对我来说太快了"。

汉语学习者对汉语主谓谓语句的理解没有多大困难，但在运用主谓谓语句方面问题较多，所以，在主谓谓语句的教学中，对外汉语教师要注意把握主谓谓语句的特点和用途。

主谓谓语句的特点可以从多个角度来说。从语法结构的角度来说，大主语是整个句子的主语，后面的主谓短语整体做谓语，大主语和小主语之间可以有状语，例如"那双鞋确实价钱太贵"。从语义的角度来说，除大主语和小主语存在施事、受事、领属、复指等语义关系外，大主语的陈述性是主谓谓语句的重要特点，即大主语是整个句子的陈述对象，做谓语的主谓短语是对大主语加以陈述的。

主谓谓语句的用途也是多方面的，从表述功能来说，主谓谓语句是用来陈述和描写的；从语法功能来说，主谓谓语句的使用常常是为了保持主语的连续性，例如"他身体不好，还不注意锻炼"，第一分句是主谓谓语句，大主语是"他"，第二分句承前省略主语"他"，主语保持了连续性。

2. 连谓句的教学

连谓句是连谓短语充当谓语的句子。连谓句的句子公式可以表述为"谓语1+（宾语1）+谓语2+（宾语2）"

连谓句的教学要注意把握连谓句的特点，连谓句的特点如下。①连谓句的 V_1 和 V_2 在动作行为的时间方面有先后，例如"也吃了饭去超市"，"吃了饭"在前，"去超市"在后。②连谓句中 V_1 和 V_2 的动作行为是属于同一主体发出的，在语法结构上可以叫"共主语"，如二例。③连谓句的 V_1 和 V_2 常常带有附加成分，如状语、补语、宾语等。

连谓句的教学要注意以下方面。

（1）汉语学习者理解连谓句的语义并不困难，因为其他语言里也存在类似汉语连谓句语义的句子，只是采用的语法表达方式不同，例如英语里用不定式：He awoke to find the house on fire（他醒来发现房子着火了）。因此，对外汉语教师可以利用汉语和外语相同语义、不同语法表达方式的对比引导汉语学习者掌握汉语的连谓句。

（2）利用组合法帮助掌握汉语的连谓句。组合法是利用汉语学习者已经掌握的汉语单句组成连谓句，例如把"他走过去""他和那个人打招呼"组合成"他走过去和那个人打招呼"。使用组合法可以帮助汉语学习者熟悉汉语连谓句的构成情况，也可以帮助他们理解如何运用连谓句。

（3）注意"了"在连谓句中的使用条件。在连谓句的"S+V+（0Q+ v_2+（0）"的格式中，"了"可以用在三个位置上：V后、死后、2后，在 Q 后不能用"了"。在什么地方用"了"，和连谓句表达的时间意义有关，例如不加"了"的"我下课去超市"表示经常的行为或将来的行为；"我下了课去超市"表示将来的行为；"我下课去了超市"表示过去的行为；"我下课去超市了""我下了课去超市了""我下了课去了超市了"都表示过去的情况。

3. 兼语句的教学

兼语句是兼语短语充当谓语或独立成句的句子。兼语句的句子公式可以表示为"S+V_1+N+V_2+（O）"，N 表示兼语。

兼语句的教学要注意把握兼语句的特点，兼语句的特点如下。①兼语句的引常常用使令动词，典型的使令动词是"使、叫、让、请"。②兼语句的 V_1 和 V_2 分属于不同的动作主体，V_1 的动作行为主题是主语（S），V_2 的动作行为主体是兼语（N）。③从语义来看，V_2 表示的动作行为是在 V_1 表示的动作行为的驱使下发生的。

兼语句的教学要注意以下方面。

（1）利用其他语言里类似汉语兼语句语义的句型进行迁移。例如英语里类似汉语兼语句语义的句型有由"make""let""have""want"等动词构成的句型："I made him do it"（我叫他做的）、"We must not let the matter rest here"（我们不能让这件事就这样了），对外汉语教师可以把汉语兼语句和这些句型进行比较，引导汉语学习者注意汉语兼语句的特点，掌握汉语兼语句的结构特征。

（2）提醒汉语学习者注意汉语"使、叫、让、请"等使令动词的特点和构成的兼语句的结构特点。在"使令"这个意义上，"使、叫、让"一般不单独使用，"请"可以单用，如"请你""请客"。在兼语句的语法结构方面，有人曾强调兼语句是"一个动宾短语套上一个主谓短语"，这在对外汉语教学中不易被汉语学习者理解，因为兼语句的动宾部分常常是不能独立存在的，如"这件事使我明白了一个道理"，其中的"使我"不能独立存在。因此，兼语句的语法结构特点的讲解使汉语学习者注意到 N 和 V_1、V_2 的联系即可。

4. "把"字句的教学

在各种对外汉语教材中，对"把"字句特点和运用规律的介绍比较多，汉语语法学界对"把"字句的研究也比较多。因此，我们在这里只谈谈"把"字句的教学问题。

（1）在对外汉语教学中，汉语学习者经常提出的问题是"为什么用'把'字句"，这涉及汉语"把"字句的作用。"把"字句最主要的作用是强调受事成分，突出对受事成分的处置，把受事安排为信息焦点。从认知的角度说，汉语的"把"字句、"被"字句和主谓谓语句有异曲同工之妙，都是先重视施事和受事的认知，然后才是动作行为的认知。

（2）注意动词的动作性。"把"字句的动词是处置性的，或者说动作性比较强。动词的动作性是有差别的，按动词的类型来说，动作性的强弱依次是：动作行为动词—心理动词—存现动词—趋向动词—助动词—判断动词，能够构成"把"字句的主要是动作性强的动作行为动词。

（3）通过句型转换使汉语学习者熟悉并掌握"把"字句。"把"字句和一般的带宾主谓句存在句型转换关系，如"他买到了车票——他把车票买到了"，在教学中，可以通过句型转换的练习增强汉语学习者对"把"字句的理解。另外也要注意，汉语中很少用"主语+动词+宾语+介词短语"的结构，一般要用"把"字句，这样的句子不能转换，如"你就把心放在肚里吧""我们把行李放到行李架上"。

5. "被"字句的教学

"被"字句是用"被"来表示被动意义的句子。"被"字句有三种类型：①S+被+N+V，如"他被我说服了"；②S+被+V，如"车被开走了"；③S+被+N+所+V，如"人们被他的精神所感动"。

"被"字句的教学应注意以下方面。

（1）"被"字句的教学应和被动句的教学相结合

被动句是主语为受事的句子，汉语"被"字句是被动句中的一种。汉语的被动句有两种：一种叫语义被动句，主语为受事，语法结构上没有被动标志词，如"桌子擦过了"；一种是"被"字句，主语为受事，语法结构上用"被、叫、让"等作为被动标志词。

把"被"字句的教学和被动句的教学结合起来，主要是为了提高汉语学习者对汉语的运用能力，因为在汉语的句子中，语义被动句的使用频率要高于"被"字句，有时强行使用"被"，反而感觉别扭，如"腿被摔断了"。

"被"字句教学和被动句教学的结合，是使汉语学习者明了汉语的特点：汉语是不重形式标志的语言，强调意合性，因此，在可用"被"可不用"被"的情况下，一般不用"被"。强调这一点，是为了汉语学习者因受母语被动语态产生的负迁移的影响而过多地使用"被"。

（2）明确使用"被"字句的条件

"被"字句的使用条件包括语用条件、语法条件。

①语用条件。"被"字句过去一般用在不好的、不如意的事情方面，如"裤子被刮破了"，后来范围扩大，也应用到其他方面，如"他被选为班长"。②语法条件。需要引出施事者，一般要使用"被"字句，如"书被他拿走了"；主语和动词之间存在两向性，即主语既可以是动词的施事，也可以是动词的受事，如果表示被动意义，要使用"被"字句，如"他被打了""这个学生被批评了"。

6. "连"字句的教学

"连"字句是用"连"与"都、也"配合表示强调的句子。"连"字句的句子公式一般是"连+N+都/也+V"。

"连"字句分为四类。①施事型，"连"后面的 N 是动词的施事，如"连小李都知道了这件事""这件事连小李都知道了"。②受事型，"连"后面的 N 是动词的受事，如"他连晚饭都没吃"。③非施受型，"连"后面的 N 和动词之间是施事、受事以外的其他语义关系，如"他连屋都出不了""他连说话都困难"。④重复动词，构成"连+V+都/也+不/没+V"的格式，如"连想都不愿想""连看都没看"。

"连"字句的教学应注意以下方面。

（1）注意"连"字句的特点

理解和把握"连"字句的特点，汉语学习者才能够掌握"连"字句，并能够在汉语交际中加以运用。汉语"连"字句有如下特点。

"连"字句用于否定的时候比较多，因此句子里常常有"不、没"等否定词，"连"字句属于动词性谓语句，其谓词要用动词，不能用形容词。

"连"字句有强调作用，可以向大、高、强、长等的方向强调，也可以向小、低、弱、短等的方向强调。

"连"字句具有口语的语体色彩，较多地用在口语里。

（2）注意"连"的性质

"连"字句中的"连"是助词，在句子里，"连"字句的"连"有时也可以省略，例如"连想都不想——想都不想""连你都不知道——你都不知道"，有"连"字，强调色彩更重一些。

7."是"字句的教学

"是"字句是用"是"表示判断或强调的句子。

汉语"是"字句的情况比较复杂，大致分为两大类。①"是"是动词，表示判断。黄伯荣、廖序东先生主编的《现代汉语》（增订三版）认为，按照"是"放在主语和宾语之间的作用，这类句子可以再分为几个小类：表示事物等于什么；表示事物属于什么；表示事物的特征、质料、情况；表示事物的存在。②"是"是副词，表示强调。这类句子中的"是"有不同的位置："是"位于句首，强调主语表示的人或事物，如"是这个同学救了你"；"是"位于句中，可以强调谓语表示的动作行为或性质状态，如"车子是坏了"，也可以强调其中的时间或地点，如"我是昨天晚上买的票"。"是"还可以起关联作用，与"但、但是、可"等配合表示转折关系，如"我是去了图书馆，可是没看见他"。

"是……的"的结构也有上述两种情况。

"是"字句的教学应注意以下方面。

（1）注意判断动词"是"和副词"是"的不同特点。这样的特点既表现在语法上，也表现在语音上：在语法上，判断动词起联系主语和宾语的作用，一般不能省略；副词"是"起强调作用，常常可以省略（当然，省略以后强调的意味减弱）。在语音上，判断动词一般不重读，而副词"是"因为表示强调，常常需要重读。

（2）循序渐进地教学。"是"字句比较复杂，教师应该由易到难循序渐进地进行教学，避免使汉语学习者产生畏难情绪。例如，应该先教表示判断的"是"，再教表示强调的"是"；在表示判断的句子中，要先教表示属于什么的句子，再教其他句子。

（3）采用语言对比的方法，进行正迁移。例如把判断动词"是"和英语中表示判断的"to be"对比，引导汉语学习学习者掌握汉语的判断句。但是教师也要提醒他们注意两者之间的不同，防止汉语学习者过度泛化，产生负迁移。

第四章

对外汉语课堂教学

对外汉语教学的课堂是对外汉语教学的第一介质，关系到对外汉语教学的成效，本章针对对外汉语课堂教学进行了详细的介绍。第一节详细介绍了对外汉语教学课堂实践性、趣味性和表演性等特点；第二节详细阐述了对外汉语教学课堂的实质，明确说明了"教什么""怎么教"和"怎么学"三个问题；第三节指出了对外汉语教学课堂经常出现的问题；第四节对对外汉语教学课堂中经常用到的课堂用语进行了介绍。

第一节　对外汉语课堂教学的特点

课堂教学又称"讲课"或"上课"，是指学校"把一定数量的学生按照年龄和知识程度编成固定的班级，根据国家规定的教学内容和教学时，由教师以集体上课的形式，对全班学生进行有目的、有计划的教学活动"。

课堂是帮助学生学习和掌握目的语语言知识和技能的主要场所，是培养学生言语交际能力的主要场所，也是使学生身心得到发展的主要场所。

课堂教学的要素包括教师、学生、教学内容、教学环境等。对外汉语教学的课堂具有如下特点。

一、实践性

实践性是语言教学的重要原则。吕必松曾经指出"人们学习和掌握语言，不是主要靠天才，而是主要靠实践。"现代教学强调以学生为中心，强调学生的参与和创造。对外汉语的课堂上，强调精讲多练，这个练，就是让学生去做。学生读课文的时候，要求学生跟读、齐读、分角色朗读、表演对话等。学重点生词、语法的时候，可以让学生造句子、选词填空、词语连线等，这些都是学生的实践。课堂上的"做"要注意结合学生实际，结合学生的生活经验、年龄、认知等。

教师可以通过设计丰富多彩的活动，来引导学生参与、实践、体验，这样才能保证他们真正掌握所学的知识。比如在教"方位词"时，可以把学生分成小组，利用校园地图互相问路、指路，让学生亲自实践。

二、趣味性

对外汉语教学需要大量的技能训练，比如，模仿、替换练习、朗读等，时间长了有些学生会感到单调、乏味，激不起学习的积极性，因此在教学中应该始终注重趣味性。设计教学活动时，从学生的需要出发，设计教学。比如有些学生不愿意做作业，如果直接布置一个作文，让学生介绍家庭成员，下节课向全班同学介绍家庭成员。

教师可以根据课型的特点、班级的条件、学生的情况采取多种教学方式，教学时可以采取游戏、竞赛、绕口令、歌谣、唱歌等形式，学校也可以组织学生参观、访问、学做中国饭、参加汉语节目表演等，这样既可丰富学生的课余生活，又可以学到课上学不到的东西，在轻松愉快的气氛中掌握语言知识，提高其运用汉语的能力。

三、表演性

教师在课堂教学中的所有行为，如衣着打扮、表情、态度、身姿动作等其实都是服务于教学的，都带有一定的表演性。但在对外汉语课堂上，教师的表演性高于其他类的课堂教学，这也是由教学内容所决定的。教学中要设计各种真实的情境，比如，教师可以根据课文内容把教室布置成银行、商店、邮局、十字路口等，教师有时也可以根据需要扮演角色。

当然完全真实情景在教室里很难实现，为了实现真正的学以致用，教师要勇于打破常规，学习有些内容时可以把学生带到真实的场景中去实际感受，获得真实的信息和交际方式。比如学习"图书馆在运动场的西边"以后，教师可以把学生带到园里走一圈，让学生记住南门、东门、西门在哪儿，运动场、邮局、银行、食堂等在哪儿，真正实现学了就能用。

第二节 对外汉语课堂教学的本质

课堂教学的本质，就是回答三个问题：教什么+怎么教+怎么学。

一、教什么

"教什么"是指教学内容的选择，确定"教什么"，必须从教学目标出发，国家汉办 2008 年公布的《国际汉语教学通用课程大纲》规定："国际汉语教学课程的总目标是，使学习者在学习汉语语言知识与技能的同时，进一步强化学习目的，培养自主学习与合作学习的能力，形成有效的学习策略，最终具备语言综合运用能力。"

《大纲》进一步指出："语言综合运用能力由语言知识、语言技能、策略、文化意识四方面内容组成。"

（一）语言知识

语言知识是指构成语言系统的语音、词汇、语法、汉字等知识，以及用来表达思想的科学文化知识、社会风俗习惯、帮助学生进行有效交流的语用知识等。

但要注意的是，不能把知识一股脑地都教给学生，要注意分层、分级。不能在一节课的教学中，将所有的知识都传授给学生，要循序渐进。

（二）语言技能

语言技能的训练不能是机械的，要以知识的掌握为前提，也就是要在理解的基础上训练。技能训练的目标是达到熟巧和自动化（习惯化），也就是说技能训练的最终结果是不经过思考而能自动提取。我们主张汉语的听、说、读、写各单项技能在训练中都要达到自动化。

（三）策略

策略在大纲中包括多方面内容，主要有情感策略、学习策略、交际策略、资源策略和跨学科策略。这是因为学习一种新的语言，仅仅掌握该种语言的知识和技能是不够的，重要的是提高学习者对所学学科的兴趣和信心，以及学习效率。而上述策略的提出对学习者保持积极的学习态度，促进学习者综合能力的培养具有重要的意义。

（四）文化意识

《大纲》中的文化意识包括文化知识、文化理解、跨文化意识和国际视野四部分。其中文化知识和国际视野可以通过教学内容的渗透，逐步扩大学生的知识面，进而培养学生的多元文化意识。跨文化意识是语言教学的核心问题，应该引起足够的重视。

二、怎么教

"怎么教"是指教学策略和方法的选择。如此纷繁复杂的汉语教学内容怎么教，这涉及教学策略和方法问题。

比如，学习姓名和国籍，课文的内容往往是"田中是日本人，安娜是美国人，王芳中国人"。而学生无论是学习课文的内容还是做课后的练习，对中国人名的感受都不是很清晰，如果我们了解到学生更希望知道姚明、成龙、李小龙、章子怡的中文名字怎么说，教学中联系这些人的名字讲中国的姓和名，学生会更感兴趣，他们会有起一个中文名字的愿望。具体来说就是针对不同的教学内容应采用不同的教学方法。

（一）语言知识教学主要采用讲授的方法

知识的传递离不开教师的讲授，关键是讲多少，如何讲的问题。初级阶段因为学生的汉语水平有限，不能大讲特讲，教师要采取一些特别的方法和手段。

1. 由已知到未知

学生学习汉语知识时应严格遵循从已知到未知，由简单到复杂的原则，尤其是生词、语法、汉字等内容。比如汉字教学第一次课讲横、竖、撇、捺、点，所学的汉字是"一、八、大、不"；第二次课应在第一次的基础上讲横折、竖钩、竖弯钩、竖横折钩，汉字讲'女、口、白、七、马"；第三次课讲横折钩、横折弯钩等，汉字讲"是、妈、的"等，以此类推，其目的是让学生喜欢汉语，觉得汉语和汉字有意思，有规律，具有生成性，不像他们想象的那么难，因此教师要认真设计教学内容，安排教学顺序。

2. 由近到远

学生学习新知识一般都从离自己近的知识入手，教师在教学中应很好地把握这一原则。比如讲"电池"这一生词，因为是名词主要采用搭配的方法。教师就要引导学生"一般什么里面用电池?"学生能够看到的，就会说"手机里的电池""笔记本电脑里的电池""遥控器里的电池"，因为这些离学生的生活较近，学生容易看到、想到。然后教师可进一步引导："我们出去玩儿，要带什么（手做照相状)?"学生会说出"照相机里的电池""照相机里的电池没电了，该换电池了"等课文中主句子。

3. 由少到多

知识点的讲授可以采用扩展的方法，如对生词的学习，可以由"词—词组—小句—句子—句群—段落"层层扩展。词语扩展的最后句子要落实到课文中的句子。比如，照一张照片—在哪儿照的照片—在长城照的照片（课文句）；洗—洗衣服—洗照片—洗好了—在长城照的照片洗好了（课文句)。

（二）语言技能教学主要采用训练的方法

语言技能教学主要是指听说读写交际技能的教学，应当采用训练的方法。当我们教学生写字时，首先要让学生感知要写的汉字是什么样子，它由几部分构成，与哪个字相近。在对这个汉字充分感知、理解之后，再进行训练比如让学生写"谢"这个汉字，先要让学生，看到这个汉字，并说明这个汉字由三部分组成，其中"身"作为独体字，言字旁作为偏旁已经学过，这时在教师指导下模仿来写，在写的过程中逐渐准确、连贯，最后达到自动化。

（三）策略教学主要采取引导的方法

大纲中的策略包含情感策略、学习策略、交际策略、资源策略和跨学科策略，这些策略中的核心是学习策略，即教给学生学习汉语的策略和方法。学习策略和方法带有主观色彩，每个人都有不同的认识，教师不能强加于学生，应该采取引导的方法，因势利导，引导学生按照汉语的规律来学习汉语。这种引导既包括课上的学习，也包括课下的作业和练习等。

（四）文化意识主要采取感染、影响的方法

学习目的语国家的语言和文化有一个情感过滤过程，教师，教材所介绍的目的语国家的文化知识，对学生来说是外在的，学生必须经历注意、反应、评价、组织等连续内化的过程，才能转化为自己信的内在价值，具有文化差异的外国学生更难做到这点，教师在教学中不能强迫学生认同本民族的文化习俗、思维方式、伦理道德等，但是可以潜移默化地感染和影响学生，使学生随着学习内容的加深逐渐理解，喜欢甚至融入所学目的语的文化当中。

三、怎么学

教学中研究"怎么学"有两层含义：一是研究学生怎么学，二是引导学生怎么学，我国学者周小兵等人曾经做过调查，总结出好的语言学习者应具备以下特点。

（1）对学习环境中的团体动力有反应，不会产生负面的焦虑和压抑。

（2）寻找一切机会使用目的语。

（3）利用所有机会练习听和说，更关注意义而不是形式。

（4）用学习技巧（做生词表）的学习辅助直接学习这可能更注意形式。

（5）青少年或成人，而不是儿童，至少已经具有早期的语法知识。

（6）有充分分析技能来感知、分类和贮存二语的特点并监控自己的错误。

（7）对学习有强有力的动机（包括"任务动机"）。

（8）敢于尝试，敢于冒险，即使这将使他显得愚蠢。

（9）能适应各种语言条件。

因此教师可以从以下两个方面引导学生"怎么学"。

（一）帮助学生养成良好的学习习惯

习惯是学生学好汉语、掌握汉语的基础和保障，教师在教学中要培养学生养成良好汉语学习习惯。

例如培养写作业的习惯。许多学生写作业比较随便，表现在作业本薄厚、大小不一、写字用笔粗细不均，作业内容不规范等，这些都会影响学生的学习。有经验的教师可以先从作业本入手，让学生按照样本各买两个作业本，写作业时，引导学生每天写上日期，要抄题，回答问题要用完整的句子，选词填空的词语要用其他颜色的笔写，或者在下面横线上写出答案，学生交作业以后，教师展示给学生按要求做得好的作业，让不合规范的学生自觉改正过来。

（二）让学生体验成功的快乐

让学生感受到自己的进步。学生产生焦虑感的一个重要原因是跟好学生比，觉得相差太多，不敢发言、不敢活动、害怕考试等。教师要引导学生，使每个学生跟自己比每都在进步。在课堂中可根据学生的学习程度设置有阶梯的练习，因材施教，努力发掘每个学生的闪光点，让每个学生都会获得成功都，能感受到成功的快乐。

第三节 课堂教学要注意的几个问题

一、讲与练的关系

对外汉语的课堂上，强调精讲多练。那么怎样算是精讲，什么又是多练呢？

（一）精讲

精讲就是讲解要简明扼要，少而精，深入浅出，要有针对性，以让学生懂为主，不要定义性地讲解，也不要过多地使用术语。精讲包括两个方面：一是内容方面，所讲的内容必须精挑细选；二是方法方面，教师要用最少的语言、最简单的方法把该讲的内容讲深、讲透、讲明白。具体来说就是准确简明、深入浅出。

1. 准确简明

讲解内容时最重要的是要正确、简单、明了，不能讲错。"精"的前提是准确，例如，在讲解"今天比昨天冷"这个汉语里常见的句子时，要说清楚这是比字句，而不能简单地说成比较句。同时不要过多地使用专业术语，要尽可能地感性化、条理化、公式化、图表化，以此消除学生的畏难情绪，激发他们的学习兴趣。

2. 深入浅出

要针对所教知识的特点，根据学生的语言水平、认知心理，尽量用最通俗的语言最简单的方法讲授。其中，能归纳出公式的可以通过公式进行讲解。例如"比字句"教学，教师讲清楚比字句的意义、用法后，可根据学生生活中的实际情况，进行大量举例，再归纳出公式。

（二）多练

多练不仅体现在数量、时间、方式上，更重要的是练习的效果上。

例如讲解"玛丽今天是骑自行车来的"这个句型。如果按照演绎法，要先讲"这是个是……的"的句式，强调已经发生或完成动作的时间，地点、方式、目的、对象等，在肯定句中，"是"可以省略，否定句中的"是"不能省略，但是学生不一定明白"方式"是什么，也不一定明白什么是"省略"。那么有经验的老师会这样处理：

首先通过由近及远的方法导入这个句型：

老师：（问班上同学）大卫，你今天骑自行车了吗？

学生：没骑。

老师：你是怎么来的？

学生：走路。

老师：（大声强调）大卫今天是走路来的？

学生：（大家重复）他今天是走路来的。

老师：约翰，你呢？

学生：我骑自行车。

老师：（强调并补充）约翰是骑自行车来的。

然后教师提供图片让学生操练：

教师：（打出租车图片）他是怎么来的？

学生：他是打出租车来的。

老师：（坐地铁图片）他呢？

学生：他是坐地铁来的。

联系学生实际：

老师：（引入课文）我们看看今天玛丽是怎么来的？

学生：玛丽是骑自行车来的。

老师：（板书这个句子并归纳）这个句子主要说玛丽是怎么来的，她是走路来的吗？不是，坐出租车？也不是，她是骑自行车来的，这里用"是的"强调玛丽来的方式是骑自行车。

讲到这里，学生对"是…的"句的特点就比较清楚了，这是导、练、归纳的方法。接着，教师继续讲解"我们看看玛丽是什么时候来的"，在此基础上强调时间、地点、目的、对象等就比较容易了，这是对外汉语语法教学的一种基本的思路，边讲边练。

"精讲多练"没有明确的比例。盛炎（1989）指出，课堂教学的实践性原则最初体现在讲与练的关系上，讲和练的比例一般不低于 1∶5；吕文华在《对外汉语教学概论》中指出，讲和练在课堂教学的比例是 1∶7；崔永华（1990）认为，练习在一般的精读课上不应少于 50%～60%；江傲霜（2007）认为，在汉语初级阶段学生参与实践的时间应占整节课的 70%，中级阶段占 60%，高级阶段占 50%。

虽然硬性规定一节课的讲练比例是徒劳的，也是无济于事的，但是起码给对外汉语教师一个提醒，即学生在课堂上练的比率不应少于 50%，初级阶段应该更高。这样，我们在进行教学设计时，就会多注重实践、多设计活动、多进行练习。

二、目的语和媒介语使用的关系

在对外汉语教学中，当使用目的语讲解"成本"过大，费时费力也讲不清楚，而媒介语又能一语道破，起到画龙点睛的作用时就应该适时适当地使用媒介语，但是"媒介语"只起辅助作用。

我们还要考虑是在目的语环境，还是非目的语环境。

（1）在目的语环境中学习汉语，学生希望课上学的内容课下马上就能用，因此课上应该以大量的目的语输入和操练为主，难点、重点可适量借助媒介语讲解。教学的最终目标是用目的语讲解目的语。

（2）在非目的语环境中教学，有的国家或学校会对教师所使用的语言有一定的要求，但总体上，我们仍然主张有节制、有限制地使用学生的母语（媒介语）。作为交际工具，媒介语可以在课堂用语、汉外对比、翻译练习、师生交流中使用。

第四节　课堂用语

一个合格的教师，其课堂用语应该是规范的、得体的。尤其是对外汉语课堂，教师所用的课堂用语也是学生要学习的目的语，因此更应当受到重视。

一、对外汉语课堂用语的特点

对外汉语课堂用语具有简明性、规范性、得体性等特点。

（一）简明性

学生刚开始接触汉语时，教师的课堂用语不宜过多，要尽量简明、直接。课堂教学时，无论语音、词汇还是语法的选择都要简明，可以用简洁的"上课、下课、看黑板、看书、跟我读"等词语，不用加上过多的限制性词语，也不需要使用过多敬语，如"同学们，请打开书"等语句。一开始出现这些课堂用语时，可用拼音的形式，写在黑板的一角，并适当给出翻译。在运用课堂用语时，可以通过板书认读，辅以手势、身体语言等表达意思，当学生熟悉一段时间后，可以不用认读，直接说出该课堂用语。

（二）规范性

学生都具有向师性，对于外国学生来说，教师的口语是他们最为信赖和愿意模仿的语言，因此教师的课堂用语要尽量选用短小、实用、易懂、易学的语言，要符合规范性。课堂教学用语忌随意性太强，同一个意思要用一种语言去表述，不能随意调换。但在教学中，可以随着学生汉语学习水平的深入，适当地调整。例如，学习了结果补语后，可以运用"打开书"；学习了"把"字句后，可以运用"请把书打开到第一页"。以此类推，这样既能保证学生听教师的课堂用语，又可以不断复习语法和词汇，强化所学的内容，提高学习效率。

（三）得体性

对外汉语课堂上，所面对的都是外国学生，其成长背景文化背景都不相同。因此教师在使用课堂用语时，要注意得体性。不能使用恶意的带有惩罚性的语言，如"再说话就出去""错一个生词写十遍"，等等。教师所使用的语言要温和，不能带有歧视、蔑视学生的语言，应考虑到学生的可接受性，不要因为语言不当，损伤学生学汉语的积极性，破坏师生之间的关系。

（四）态势语的辅助性

态势语是一种以说话人的表情、手势、身姿、眼神来传递信息的无声伴随语言，它同口头语言一样，是人们交流思想感情不可或缺的工具。教师课堂用语借助态势语的帮助就会使课堂用语变得形象、生动、具体、可感，从而使学生能够比较准确明了地接收信息，加深理解，强化记忆。

教师的眼神中应该能看到对学生的喜爱、对学科的喜爱，应当亲切、大方、热情、真挚。教师应当学会运用眼神来配合课堂用语发出指令，表达情感、组织教学。在教学中教师要善于运用丰富生动的表情给学生营造出一种和谐、愉快的课堂氛围。例如，教师在提出问题时，可以配合困惑的表情，引起学生的思考；学生在回答问题时，能给予学生信任的微笑，可以有效地鼓励学生；学生回答错误时，可以运用略微悲伤的表情表达遗憾。

二、课堂用语的原则

（一）循序渐进原则

第二语言的课堂用语不同于母语学习者的课堂用语之处，就在于第二语言学习者对课堂用语不能完全听懂，甚至一点儿也听不懂，教师不能随意使用，而要根据学生的学习水平和实际情况，循序渐进地加以使用。第二语言的课堂用语既要符合教材的教学内容，又要遵循学生的认知规律，应该体现出由易到难、由近及远、由简单到复杂的循序渐进原则。

（二）得体性原则

课堂用语作为一种特殊的交际语言，不但要讲究规范性，而且要讲究得体性。言语的得体性是指表达的内容和方式要符合交际双方的身份，符合交际场合和交际目的的需要。课堂用语要考虑学生的年龄、性别、性格、文化背景，思维方式、认知方式等特点。在国内，我们的教学对象多是成年人，在选择教学用语时切忌使用儿童式的语言，避免使用命令式的语言、说教式的语言、唠叨式的语言等。

（三）针对性原则

对外汉语教学是在特定的时间（上课时间）、场合（主要是教室），面对特定的对象，为达到某一特定的教学目的而进行的有计划的教学活动，因此教师要根据不同情况有针对性地组织课堂语言。首先，要根据学生的文化背景、语言水平、认知方式、母语及其他第二语言的学习背景等特点，有针对性地组织课堂语言；其次，要根据学生学习动机、目的组织课堂语言，如工具目的、升学目的等；再次，要根据学生的汉语水平所处阶段，有针对性地组织课堂语言；最后，要根据不同课型的特点有针对性地组织课堂语言。

（四）可接受性原则

对外汉语教学的教学对象是汉语学习者，他们的接受能力和表达能力需要一个不断学习、不断提高的过程。课堂用语超出他们的接受水平就会失去其教学意义。教师应避免课语的盲目性和随意性，也要避免不经意的口头禅，既要符合学生的实际需要（巩固）又要体现略高于学生现有水平（学习新内容）的可接受性原则。

（五）善意尊重原则

我们的教学对象是不同国籍、不同种族的学生。他们在文化背景、风俗习惯、生活习惯等方面，与汉族有着很大的差异。教师不能以自己的标准和行为习惯去要求和约束学生，而取以人为本的原则，尊重学生，理解学生。课堂上应营造一种宽松、民主的课堂氛围，课堂用语要礼貌、得体、善意、温和。

第五章

对外汉语口语课教学

口语课是一门专项语言技能课程。它主要培养学生在实际生活中进行口头交际的能力。在对外汉语教学中，口语课的地位与价值虽然得到了普遍的认同，但其实际教学效果并不理想。究其原因，与教师对口语课的教学任务缺乏统一认识有关，也与教育理念落后、教学方法陈旧有关。当前，随着留学生提升口语交际能力的要求日趋强烈，口语课在对外汉语教学中的重要性逐步凸显，并得到越来越多语言教学工作者与理论研究者的关注。本章首先介绍口语交际、口语交际能力的特点及评价标准；其次，明确不同阶段口语教学的目标与教学内容；同时，针对口语训练的不同环节，借例题明确口语训练的方法；最后，说明口语测试编制的原则及口语能力羊评价标准。

第一节　口语交际能力概述

一、口语交际

语言是人类重要的交际工具，人们用语言这个工具表达思想，交流情感。由于人们运用语言时，交际场合、目的、任务、内容等不同，语言具有了口语和书面语两种不同的形式。口语交际是以口头语言为载体进行人际交往的一种双向信息交流活动，普遍存在于社会生活各个领域。作为一项复杂的智力活动，口语交际的过程由倾听、表达与应对构成。倾听是口语交际的前提，表达是口语交际的核心，应对是口语交际的关键。与其他言语行为相比，口语交际的特点有如下几个。

（一）言语形式的灵活性

口语通过声音与听觉系统进行信息的传递与接收。与书面语相比，在口语交际过程中，人们更习惯使用短句、省略句。句子的修饰成分比较少，句子结构常有易位，句子中重复、倒装等现象较为普遍。用词简单通俗，常出现俗语、谚语、歇后语、流行语，并伴有较多的语气词。

（二）言语表达的情景性

口语交际要在一定的情景下进行，其交际对象比较明确，交际内容更有针对性。在交际过程中，语调、语气、语音轻重等细微的变化都会影响言语表达的效果，并传递出不同的思想感情。例如"近来你的学习成绩下降了"这句话，在言语交际中，如果是升调，则表达疑问，询问为什么你的成绩会下降；如果是降调，则表达了指责与批评。

（三）交际内容的不确定性

口语交际必须在人与人的对话中进行，人们在交际开始时可能会有一定的主题或方向，但实际交流为容却带有很大的随机性。人们只有在交际中集中精力并组织应答，才能保证口语交际活动的顺利进行。

二、口语交际能力

许多人认为口语交际能力就是说话能力，其实并非如此。口语交际能力是一种能力的综合体，包括言语交际能力、非语言交际能力、跨文化交际能力三个方面，它们相互作用，并制约着口语交际的不同环节。

（一）言语交际能力

口语交际能力不是单纯的"听"和有限的"说"，口语交际能力必须以言语能力为基础。从语言学角度看，言语能力包括听话能力与说话能力。听话能力主要是通过接收声音符号来理解语言；说话能力主要是运用口头语言表达自己的思想、情感，以达到与人交流的目的。口语交际能力就是在理解说话人信息后所做出的言语反馈，是更接近真实的自由表达，也是积极的、有意义的交际行为。听话能力在听力一节已经提及，这里不再赘述。说话能力主要分为准确发音的能力、语言提取的能力、语言组织的能力。准确发音的能力强调对汉语发音、声音表达技巧的掌握；语言提取能力即从头脑中快速提取话语信息；语言组织能力即按一定语言规则、语言环境和交际对象选择合适的表达方式。

（二）非言语交际能力

在口语交际中，非言语能力主要包括身势语、空间处理及伴随语言三项内容。它们用动作效果、视觉效果等传递交际者的情感、态度个性、文化背景。身势语指交际中的一些身体行为，如手势、表情、眼神等；空间处理指交际双方的身体距离；伴随语言即在言语交际中，伴随语流而出现的一些语音现象，如声调、音量、重音等这些非言语交际能力，虽不直接传递思想，却可影响语义。

（三）跨文化交际能力

跨文化交际能力是在理解、掌握他国文化背景、价值取向的基础上，灵活处理跨文化交际中出现的实际问题的能力。由于不同民族所处的生态环境、物质条件、社会体制、历史进程不同，在不同环境下产生的语言习惯、社交文化、风土人情也可能大相径庭，这会造成人们说话方式与习惯的不同。因此，对于汉语学习者来说，口语交际能力的强弱仅取决于其对相关汉语知识的掌握情况，而且与学生对于汉语的交际文化了解程度有关。学生在扫除语言障碍之外，还必须深入了解中国的文化传统和文化价值取向，了解中国人在介绍某人时，先介绍人的生活习惯及在特定场合的语言表达习惯。例如介绍姓名："这是我们校长，李明教授。"而西方人的交际习惯与此完全不同。如在得知朋友生病时，中国人习惯说："你吃药了吗？""去医院了吗？"以此来表达对朋友的关心，而朋友也会从这些话中体会到温暖。但这些话反而会使欧美人感觉不舒服，使他们觉得被轻视，认为朋友把他们当小孩子看。因此，口语交际能力不仅受语言知识影响，而且与学生的跨文化交际能力有直接关系。

三、口语交际能力的评价标准

对于口语交际能力的评价，并不是简单地依靠交际双方的直观感觉，而是有一些细化评价标准，其中包括准确度、复杂度、流利度、得体度。

（一）准确度

在口语交际中，准确度考察语言表达在语言形式上是否正确无误。这种准确主要涉及语音语调、用词、句子规范等方面。准确是语言学习的基本要求。只有在此基础上，才能实现流利、复杂、得体的交际。

对于许多汉语学习者来说，评价其语言表达是否准确，首先要看交际中语音语调是否正确。此外，衡量准确度的第二个因素就是用词。许多学生在口语交际中会出现用词错误，如使用离合词时，常有"见面朋友""打电话你""帮忙我"的表达错误；在使用量词时，经常出现"一个刀""一个车"的用词错误；更多时候在交际中会出现词语搭配的问题，如"教室里很寂静""受到礼物""打足球"等。这类错误多与学生真实交际经验缺失有关。同时，衡量准确度的第三个因素就是句子是否规范。学生在口语交际中常会出现语法错误、语序混乱的问题，比如说"我比他一点儿高""书我拿错""我跑下去楼"。这类问题多属于语法偏误，是学生对汉语句法结构和语法规则掌握不全面造成的，而这种不规范直接影响学生口语交际的准确度，也反映着学生的汉语水平。

（二）复杂度

复杂度指在口语交际中，学生能将学习过的语言材料重新组织，并在确保准确的同时，使其语言结构更加复杂、更加精细、更加完整。在实际交际中，许多学生过分追求语言的准确性，更倾向于使用那些自己能够熟练使用的词汇和易于掌握的语言结构，这虽然提高了准确率，但妨碍了学生语言能力的发展。一些学生因词汇量和语法知识有限，不得已放弃复杂度，选择烦琐却最不易出错的表达方式，如不会说"奶奶"时，选择用"爸爸的妈妈"代替；不会使用比字句，不会说"哥哥比弟弟高"时，选择用"哥哥很高，弟弟不太高"代替；还有许多学生回避在语句中使用副词、关联词以确保表达的准确。如果学生满足于这种低水平交际，其汉语交际能力很难有效提高。同时，一些学生虽然掌握了大量的词汇和语法，但这些知识属于接受性知识而非使用性知识的范畴，看得懂，却不会自用；看得多，用得少。在交际中，学生自动选择那些使用性知识，而缺少对接受性知识的主动运用。这也会导致口语交际的简单化，并影响学生汉语水平的提升。因此，为保证语言表达的复杂度，学生不仅要熟练、准确地掌握词义与语法规则，同时也要加强练习，在交际中有意识地精简话语，对其中词不达意的、重复的、结构不规范的语句进行删减。

（三）流利度

口语交际的过程是一边解码、一边编码的过程。语言的输入与输出几乎是同时进行的，但对于汉语学习者来说，由于他们对汉语的语音、词汇、语法体系都不够熟悉，在交际中无论是解码速度、编码的进程、语言的组织都要比母语耗费更多时间。这就影响到交际中的流畅性，带来停顿、迟疑、重复及语速过慢等问题。在通常情况下，越是熟悉日常交际、经常使用汉语交流的学习者，越能快速地进行编码与解码，其口语的流利度越好。

（四）得体度

口语交际的得体即要求在交流过程中，能够恰当地使用语言，使之体现语境和语体的要求。衡量得体度，一方面看学生的交际行为是否目标明确，在交际过程中知道说什么、和谁说；另一方面看学生是否能确定话语类型，针对不同的场合、身份和交际对象选择正确的语体和得体的表达方式等。同时能配合交际有效地使用表情、动作、姿态等身势语，有效地传递信息。

许多留学生在使用汉语交际时，经常混淆口语与书面语，在口语表达中夹杂书面语，例如见到朋友的母亲时，称呼对方"夫人"；见到小孩子时，问对方"您贵姓"，这类表达虽然没有语法问题，但听起来就很别扭，还有一些学生单纯追求口语表达的"地道"程度，而忽视了交际身份。比如他帮了老师一个忙，老师在表达感谢时，学生回答："这有什么，咱俩谁跟谁呀。"或者男同学在反驳别人时说"什么呀"等过于女性化的表达。这类问题出现的原因往往是学生忽视了交际时的身份与场合。因此，在口语交际中，话不只要说得对，还要说得得体。

第二节　口语教学的要点

一、教学目标

口语交际技能的训练是一个由浅入深、循序渐进的过程。各学习阶段都有不同的训练重点。根据《高等学校外国留学生汉语教学大纲（长期进修）》（以下简称为《大纲》）的相关要求，口语教学各阶段的教学目标可分为三个阶段。

（1）初等阶段。能比较准确地发出单个字、词的音，句子的语词虽有明显的母语影响，基本上能让听话人理解；能进行日常生活中诸如见面、介绍、祝贺等所表达的意思以及询问、购物等基本口语交际，能用已经掌握的简单词表达自己的意图或叙述某一事情的基本内容，句子错误率不超过30%。

其中初等1级侧重完整单句和简单的问答交谈；初等2级侧重问答交

谈；初等 3 级侧重在交谈训练基础上开始练习短小的连句成段；初等 4 级则以交谈为主，适当进行短小的语段练习。

（2）中等阶段。具有初步的成段表达能力，语调基本正确，语速基本正常，表达比较清楚、准确、恰当。能就一般性话题展开讨论，进行一般性交际和业务洽谈。其中，中等 2 级、中等 3 级与 4 级则提出开展专题讨论，提高成段表能力。

（3）高等阶段。能就社会生活中的一般话题较为流利地进行对话或讲话，能较系统地、完整地表达自己的思想感情，有较强的成篇表达能力。语音语调正确，语气变化适当，语速正常，语句连贯；用词基本恰当，能用较为复杂的词汇和句式，有一定的活用语言的能力，表达比较得体。

其中，高等 1 级强调语言表达上，由语段训练向语篇训练过渡，要求语言比较准确、得体；高等 2 级则着重进行语篇训练，要求准确、得体。

此外，从初等 1 级到中等 2 级都加入了语音教学的目标，这也是口语交际的重要内容之一。初等 1 级阶段要学习普通话基本声、韵、调、轻声、儿化及主要的变调；初等 2 级阶段则要复习普通话基本声、韵、调、轻声、儿化及主要的变调；初等 3 级主要为学生正音，并开始进行句子的重音、停顿及句调变化的训练；中等 1 级与 2 级有针对性地正音，注重声调、语调。

二、教学内容

结合《大纲》各阶段、各等级目标，口语课程的教学内容主要包括语言知识、交际技巧、功能项目、交际文化 4 个方面。

（一）语言知识

语言知识主要包括语音、词汇、语言点及语篇，它们共同为口语交际提供语言基础。

（1）语音，在口语交际中，发音正确与否将直接影响交际的效果。口语课语音教学的内容主要涉及声韵母、声调、变调、轻声、儿化、语调等方面。在这些内容中，语调能接传递出说话人的思想感情，并且需要较长时间形成，因此语调的学习与训练贯穿于口语教学的始终。声、韵、调、轻声、儿化等语音学习内容在不同阶段，教学内容各有侧重。

在初级阶段，以声母、韵母与声调训练为主，并让学生初步掌握语流中典型的汉语句，由于汉语中双音节词占优势，因此声调训练应多以双音节的声调组合为重点内容。汉语双音节的声调组合共有20种，在初级阶段教师可以这20种声调组合为基础，进行拓展习。（这20种声调组合参考杨惠元《汉语听力说话教学法》）

在中级阶段，语音教学以汉语语调为主，强调语句中的重音、节奏、句调。主要让学生明确重音所带来的语义差别，并能根据交际需要确定重音的位置。如在"我在北京学汉语"这句中，重音在"在北京"上，突出说话人学习的地点；重音在"学汉语"上，突出说话人从事的活动。节奏主要表现为交际中的语速与停顿。教学中让学生体会语速快慢与情绪之间的关系，让学生理解停顿对语义的影响。在中级阶段，句调训练的重点在于掌握词语语气在句子中的表现。

在高级阶段，语音教学的重点为语调。学生主要学习如何用轻声、重音、语速、停顿、语气词、语谐的变化等有效表达自己的思想。

（2）词汇，词汇为口语交际提供了语言材料。无论是综合课还是技能课，词汇都是学的重点。但不同课型的侧重点却不同：综合课词汇教学重词义、用法，还要求会读、会听；阅读课多要求理解词义，会认即可；口语课的词汇教学要求学生掌握语音，词要会说、会用。

在初级阶段，词汇教学除了充实词汇量之外，还要让学生了解不同语体的词汇，如"咱们"与"我们"，"上哪儿"与"去哪儿"，"吃啥"与"吃什么"都是口语语体与用语体之间的差别。

在中级阶段，词汇教学重点是口语表达中的常用实词、固定短语、常用虚词和一些起连接、过渡作用的词语，如这么说、那么说、这样一来等。与初级阶段相比，此时学生已经认识了较多词语，但真正能进行使用的却不多，因此，口语教学要注意从交际的角度对学生加以训练。

在高级阶段，词汇教学主要指导学生运用词语进行有效表达。其中特别是副词、连词和短语，在语篇构成中起重要作用，应成为这一阶段教学的重点。

（3）语言点，主要是一些语法项目及常用的口语表达结构，初级阶段重点让学生感受口语表达的特点；中级阶段，则结合语境重点学习复句、特殊句式及口语表达中一些特殊现象，如易位、省略等。同时，让学生对语段知识，诸如语段的组合、表达有一定认识；高级阶段主要进行语段与语篇的教学，掌握篇章结构的衔接与主题推进的方式，明确语篇的结构方式。

（二）交际技能

口语课是一门技能训练课程，这门课程不仅训练说的能力，还涉及听、读两个方面。初级阶段将听、读、说三者结合。听是说的基础，听得懂、听得多，才能有说的愿望和说的内容；读主要指朗读，如朗读生词、对话、课文，可以由教师领读，也可以由学生齐读或学生个人自己朗读；说是交际技能训练的核心，在初级阶段主要训练学生单句表达能力、练习常用问句与答句；中级阶段的交际技能训练分为对话训练与独白训练两类。对话训练要突出交际内容的准确性、多样性与复杂性，独白训练强调语段与语篇的表达，如语篇的组织、语段的组合等；高级阶段学生汉语水平较高，口语训练重点在于表达技巧，如利用语调传递不同感情或态度，或选择适当的表达方式。此外，还应进行表达策略的训练，如使用身势语，以及运用强调和委婉的表达方式。

（三）功能项目

《高等学校外国留学生汉语教学大纲（长期）》明确列出的功能项目有110项。这110项可分为六大类，包括：社交场合、表述、表示态度、表达情感、表达使令、交谈技巧。不同阶段项目的难易程度不同，例如，"打招呼"的项目，在初级阶段就学习过"你好""您好"，而到了中级阶段，则要学习"去哪儿""你来啦!"，这些不同的表达内容适用于不同的场合，因此同一功能项目的内容往往要进行跨阶段的学习。从项目难易度来看，初级阶段多为社交类的功能项目，如打招呼、感谢、问候、介绍等，学生使用频率高，且较易于掌握；中级阶段的功能项目更突出语境，与说话人态度和情感表达有关，如表示抱怨、庆幸、质问等；高级阶段的功能项目多为交谈技巧，如表示无奈、轻视、怀疑等。

（四）交际文化

每个国家的语言都蕴含着丰富的文化与观念，这些不同国家的人在思维方式、社会习俗等方面存在着很大差异，使用一种语言进行交际，就必须要了解该语言的文化内涵，以避免在交际中因文化差异而产生误解，影响交际效果。如在汉语中，人们见面时习惯问对方"去哪儿啊？""吃了吗？"，这是熟人打招呼的方式，并非要打探别人的隐私。在初级阶段，教学重点应与学生日常生活或社交活动有密切关系，让学生意识到母语文化与汉语文化的差异；中级阶段重点让学生了解中国人的生活习惯、特定的语言表达习惯，如介绍、拜访、送礼、提建议等，以确保学生的交际活动得体；高级阶段主要涉及历史文化、风俗习惯、思维方式等内容。

三、教学原则

（一）交际性原则

交际性原则强调口语教学要根据学生具体的交际需要，让学生在运用中学习并掌握语言。口语教学就是要培养学生运用汉语进行口头交际的能力。这种能力需要大量的交际练习与实践。口语课教学从教学内容的选取、教学活动的开展都应遵循交际性原则。

在教学内容上，教师应结合学生具体的交际需要，以话题为中心组织教学。交际话题的选择要贴近生活实际，能激发学生的兴奋点，并具有世界共性或时代共性的话题。例如与学生生活有关的饮食、旅游、教育、就业等话题，与时代特点有关的科技、环保等话题。这些内容与学生的生活息息相关，能引发学生共鸣，调动学生交流的积极性，继而锻炼学生的语言交际能力。

在教学活动方面，教师要根据学生的需要与实际口语能力，创设交际环境，为学生是提供独立活动的空间，以激发他们学习的能动性。如运用任务教学模式，让学生用语言完成一定的学习任务或交际任务；或运用主题教学模式，让学生围绕一定的主题开展课堂活动，进行交际实践。总之，口语教学应尽可能地做到课堂教学的交际化。

（二）适度纠错原则

在口语交际中，学生经常会出现错误，这些错误或因疏忽造成，或因知识不足造成，忌有错必纠。在口语课教学中，教师对于学生交际错误的纠正要做到适度、适时。

由于汉语学习者多为成年人，他们的自尊心和自我意识较强，有错必纠往往会打击他们的自信心，使他们对口语表达产生畏惧心理。因此在教学中要尽可能保护学生的自尊和学习的积极性，鼓励学生表达。但这并不意味着任何错误都可以容忍在教学中，对不影响整体表达效果，不会造成交际障碍的错误，老师不必立即纠正，而应尽可能保证学生语言表达的完整性，待一段表达结束后，集中进行纠正。同时，教师纠正的重点应是学生交际中所犯的典型错误，这些错误往往具有普遍性，应予以重点说明。

（三）跨文化原则

语言是文化的重要载体，语言理解中也同样包含着文化理解。对于汉语学习者来说，汉语学习的过程始终贯穿着由母语文化向汉语文化的迁移，汉语学习的层次越高，其接触的文化因素就越高，在口语课中，教师要帮助学生实现文化之间的迁移，形成跨文化的交际能力，使学生在学习过程中逐渐产生对汉语及中国文化归属的情感。在教学中，可引导学生进行不同文化间的对比，也可向学生讲解某些文化传统的来源，以此来扩大学生的文化知识面，并帮助他们加深对中国文化的理解。

第三节 口语训练的方法

口语技能的训练一般分为语音训练、词语训练、句子训练、语篇语段训练等内容，这些方法多在语言要素教学中有所涉及。因此，本节主要介绍口语技能训练中常用的课堂活动。这些活动多是对学生交际能力的一种综合性训练。

一、猜测型活动

活动中，一方发布信息，负责用所学语言知识对某个人物、事物进行描述，另一方接收信息，负责根据对方的描述进行猜测。两人通过信息的交换共同完成任务。

例1：猜词：学生两人一组，一方用语言解释某个词的意思，另一方根据解释，猜测是哪个词。此活动的目的是让学生加强对词义的理解与识记。

例2：猜照片：每位学生课前准备一张照片，课上由教师重新分配。学生只准看自己拿到的照片，只准用汉语描述照片上的内容，其他人只能注意听，直到照片的主人认定为止。

例3：猜位置：教师准备两张印有建筑物的图片，一位同学描述图片中人物或物体的位置，另一位同学根据描述在图片中确定位置。

例4：猜路线：教师准备两张标有建筑物的地图，一位同学根据地图选择路线进行描述，另一位同学根据描述画出路线。

二、对比型活动

此类活动，主要让学生对各自所了解的信息进行描述，然后通过对比和分析，找出它们之间的差异，这类活动能训练学生获取、处理信息的能力。

例1：图片对比：提供给学生两组内容相近的图片，学生只能看自己的图片，并分别用语言描述图片内容。通过描述来发现两组图片的相同和不同之处。

例2：节日文化对比：选择一个各国都有的节日，如国庆节、生日，让学生陈述各自国家庆祝节日的活动，然后总结其中的差异。

三、排序与分类活动

这类活动主要训练学生发现事物、图片、句子或语篇之间的因果关系与逻辑联系的能力，学生能依据一定的特点或规则将这些图片、事物、语段、语篇进行分类或按一定顺序排列。这类活动主要训练学生的语篇表述能力，强化学生对篇章结构与衔接手段的认识，还可训练学生陈述事物特征的能力。

例1：排序　教师可列出一组世界名人的图片，然后要求学生按喜欢程度对这些名人进行排序，并说明理由。在此类活动中，教师也可列出一组食物、服装、图书等，让学生按喜欢程度或重要程度进行排序。

例2：分类　教师列出一系列世界各地美食的图片，由学生进行分类，并说明理由。分类标准可以是做法、所属地区、味道、食材等。

例3：活动排序：教师围绕一项活动，提供几张不同步骤的图片，由学生进行排序，并根据图片内容按顺序进行陈述说明。这类图片多数操作性较强，从图片中可以看到先后顺序，如包饺子、收拾房间或进行某项运动等。

四、拼图型活动

活动中，小组成员各掌握一部分信息，通过学生间的合作，将一个故事、图画或表格拼接成一个整体。

例1：拼人像：教师准备一张名人照片或一张有明显形象特征的人物照片，将其分割为若干部分交给学生。学生根据所得到的照片内容，描述局部特征，学生合作复原照片中的人像。

例2：拼故事：将一个由四至五幅漫画组成的故事剪开，打乱顺序后装入两个信封。学生分为三人一组，信封分发给两名学生。由两名学生各自陈述漫画的内容，三名同学共同讨论漫画的顺序。最好由第三名学生按顺序讲述漫画故事。

例3：拼流程：准备一张产品的说明书，将其按步骤分为不同段落，分发给不同学生，再提供一张空表格。由学生分别朗读或介绍文章内容，然后共同讨论将操作流程按顺序填到表格中。这类活动也可以拼日程。教师可找一篇介绍人物生活安排的文章，按上述做法，由学生将日程填入不同表格。

五、解决问题型活动

学生运用自己的生活经验和已有知识，对某个问题提出方案或建议，并说明理由。这是中高级口语技能训练中最常开展的活动。例如有两周的假期时间，你打算做什么？或朋友不喜欢打扫房间，你有什么办法解决这个问题？

例：找最佳方案：将学生分为三或四人一组，每组提供三张图片，图片中展示了三位女孩子的职业、工资、爱好、长相。活动中由小组成员分别描述三组照片的内容，然后让学生以"哪个适合做我的女友"为题进行讨论，并说明理由。

六、游戏型活动

在口语课堂上，游戏型活动能有效地活跃课堂气氛，调动学生的积极性。一般说，初级阶段的语言游戏多为复现性的，主要借助游戏复现课文；中级阶段多为半创造性游戏，注重以游戏适当地补充课堂教学内容；高级阶段则要求学生进行创造性语交际。

例1：词语接龙：这个游戏较为常见，教师给出第一个词，学生根据词语的最后字，写出新词，然后再根据新词的最后一个字，再组成一个新的词语，以此类推。

例2：吹牛比赛：每组两名学生，每个学生都准备十个夸张、不太合理的句子。一方先说出一个句子，另一方在规定时间改正错误。改对一次得1分，然后相互交换活动，最后统计双方得分，得分高者获胜。

例3：查找比赛：教师给每位同学准备一个电话本或一个商品报价表。活动中，教师说出一个单位名称，让学生查找出相应的电话号码并准确说出；或者教师说出一个商品名称，学生查出相应的价钱并准确说出。找得又快又多的学生获胜。

第四节　对外汉语口语教学实践

一、不同形式的口语教学实践

（一）提问式口语教学

对外汉语口语教学的主要任务是培养学生的言语交际能力，即通过激发学生的表达欲望，引导学生运用所学的语言知识和言语材料，进行真实的言语交际。而言语交际的形式主要是问与答。"问"是主动发出信息，"答"是被动的反馈。为了让学生主动地学，而且在将来的言语交际中处于主动地位，在对外汉语口语教学中，应该强化学生的问。

1. 激发学生问的欲望

通常，来中国学习汉语的外国留学生都具有强烈的"问"的欲望。他们学习汉语，对中国悠久的历史文化也怀有强烈的求知欲，无论是中国人的语言还是中国的社会、文化、风俗、习惯、历史，乃至心理状态，他们都具有很强的好奇感，有感必然要抒发，必然要问。激发他们问的欲望，关键在教师。师与生，是矛盾的两个方面，而矛盾的主要方面在教师。只要教师能敞开自己的心扉，学生就敢于发问。如果教师能根据教学内容改变自己的身份，宣布自己扮演什么角色，从而给学生创造新的语境，则更便于学生发问了。学生在问的过程中得到满意的回答，获得恰当的鼓励，问的欲望就会更强烈，积极性就会更高，所以，教师教学时一定要注意激发学生问的欲望。

2. 教会学生问的方法

问是口语教学的一个重要内容，同时又是口语训练的重要手段，所以在对外汉语口语教学中一定要重视问。通常情况下，要使学生先学会以下四种问法，并要求他们每天练习这四种问法。

（1）选择问。

（2）是非问，包含有四类：一是在陈述句的末尾加"吗"；二是在陈述句后，另外加上"好吗?"或"行吗? 对吗? 可以吗?"等；三是用疑问语气表示疑问，其书面形式，只是在陈述句后改用问号即可；四是用"吧"的疑问句。当提问的人对某事有了某种估计，又不能完全肯定时，在陈述句尾加上"吧?"就可以了。

（3）正反问，其中含一般正反问和用"是不是"的正反问。

（4）特指问，包括一般特指问（即用疑问代词的问法）和用"呢"的特指问。

3. 实现学生问的训练

无论是哪一种语言技能的掌握都离不开大量的实践，通常，实现学生问的训练主要包括"一句多问，多句一问"和"见面两句，每词必问"两个方面。

（1）一句多问，多句一问

训练学生说的技巧主要靠模仿，同样，训练问的能力也要靠模仿，这种模仿是搞"一句多问"的模仿。这是每课的重头戏，主要在课文与句型的教学中进行。例如"妈妈昨天买了一条鱼"这个句子的教学可以分三步进行。

第一步：教师用正常语速说出此句后，马上让学生说出全句的中心词——"妈妈买鱼"。随即明确：这是句子的"主、谓、宾"，然后用标准的语音、语调练熟此句及针对其"主、谓、宾"的各种问题。

第二步：用填充扩展法逐一加上此句的补语"在"、状语"昨天"和定语"一条"。学生逐项填充扩展，逐步模仿教师完全正常的语速和自然的语调。

第三步：要求学生逐一对此句的不同句子成分提出不同问题。

能够辨认句子成分，才能对同一句子针对不同命题进行多角度、不同方式的提问，而这些提问与作答必然使人们语言心理机制方面高频率地产生转换与倒转换的过程。也就是每一次提问，都是由深层结构到表层结构的转换；每一次被问都有由表层结构到深层结构的倒转换。这个过程完成得越快，越自如，人的言语能力越强。"多句一问"是在课文的教学中进行的。即要学生从一个句子走到句群中去，在一段以至通篇之中进行概括性、抽象性的发问。从问小问题到问大问题，可使学生的言语能力在宏观和微观的变化之中得到一定的升华。要达到这种升华，就可以在进行了"一句多问，多句一问"的训练基础上，引导并安排学生进行有交际动机的、富有交际价值和创造性的提问训练。

（2）见面两句，每词必问

每次上课伊始，要求每个学生都要用学过的词语，有准备地就以前所学过的汉语知识范围向教师问两个问题，就是所谓的"见面两问"。而且事先规定好，如果问句无语病，而且是真实的问题，教师就必须回答。这里需要突出强调的是：问要问真实的问题。有毛病的问句，教师纠正错误而不回答。如果仅仅是重复书上的现成句型，教师也不回答。这样进行教学，既达到了复习已学过的语言知识的目的，又迫使学生实践由语言向言语的转化，同时更激发并鼓励了学生用汉语发问的欲望。此外，每课的生词，也要做到每词必问。学生负责在课前将生词抄在黑板上，逐个轮流，每人一天。这是学习汉字的过程，也是对学习的促进。更重要的是，学生在抄写的过程中会发现很多要问的问题。生词的发音和组句，需要教师首先进行示范，并输入正确的语音信息，先入为主，从而给学生以正确的语感。然后让学生针对教师的句子提问。每词必问，每问都让全班同学重复并回答。其问要进行声、韵、调的训练，更要进行重音与停顿的训练。要让学生掌握句中的音强、音长及音高，以至句子的节奏，在语调的训练上下大功夫。在这里，一个学生用一个生词组成的一个问句，全班同学都在重复，都在回答，他就会在小有成功的兴奋中轻轻松松地掌握住了这个词。同时全班同学也都提高了这个词的使用频率，加强了学生大脑词库对这一生词的熟悉度。这样便可以大大提高言语交际中对这个词的检索水平。

这里需要指出的是，由于词与词存在着一定的差异，所以，在进行"每词必问"的训练时，方法与力度也因词而异，而且这一教学活动要与句型、课文教学融为一体。教师的指挥与控制是在组句的过程中实现的。组句是由词到词组，由词组到短语或短句，再到长句，逐步发问，逐步加长。句，要组成本课的句型和课文以及替换练习中的句子。重点词语和能组成代表本课语法点的句子的词语还要多组一二句。

（二）语段、语篇口语教学

语段、语篇教学是许多对外汉语教学工作者一直在探讨、研究的课题。众所周知，语言教学要想取得成效并有所突破，离不开语言研究的理论指导。虽然现在对汉语篇章的研究还不够详尽，但我们不能一味消极地等待，应该将一些具有指导意义、操作性较强的理论知识用于教学实践，让它在实践中得以检验和发展，反过来促进对汉语篇章的研究，增强其针对性与实用性，使理论研究与语言教学实践能更好地结合。

在对外汉语教学中，学习者会经历一个由词到词组、单句、复句、语段乃至语篇的渐进程序，从实际的教学及其结果来看，我们在词、词组、单句到复句这一程序的教学中有较多的语言研究及教学理论的指导，积累了一定的教学经验，教学效果也较明显。而语段、语篇这一过程由于缺乏相关理论指导，没能形成具体的、行之有效的、规范化的教学方法和训练手段，其教学一直处于摸索的状态，难以突破，成为对外汉语教学中的一大"瓶颈"，阻碍了学习者的汉语表达水平向高层次推进。为了更好地解决这一问题，我们将运用篇章语言学的相关理论对对外汉语语段、语篇教学的现状以及教学的难点和重点进行分析和归纳，并结合学生的认识特点，提出建议，以促进语段、语篇的教学。

1. 语段、语篇教学的现状

（1）相关研究与教材的总体框架

1994 年，吴晓露在其《论语段表达的系统训练》一文中提出了语段构思框架化的教材编写思路，1996 年，付瑶又在其《谈高级阶段的口语表达训练》一文中更进一步提出了"限定话题，提供语段表达框架，同时提供相应的关联词语及句际组合、篇章衔接方式，让学生在半限制半自由、半主动半被动状态下进行语段练习"的训练方法。这种思路及方法力图通过框架的形式反映出汉民族思维的特点及汉语语段、语篇的表达常式，把学生的思维纳入一个有限的、形式化的范围，使他们的思维及表达模式符合汉语表达的习惯。可以说，这种思路与方法的提出使语段、语篇教学向前迈进了一大步，但同时我们也应看到，还有许多问题值得探讨。

"语段表达框架"的种类纷繁复杂，我们只能选择典型的、常见的框架教给学生。但至今我们还没有对框架作出一定的总结与分类，在教材中选用的框架还不能充分体现整个汉语语段、语篇表达的总体特点。

语段表达框架为学习者勾勒了粗略的线条和大致的轮廓，并提供相应的关联词语等句式组合和篇章衔接方式，供学生选择使用。但对这些衔接方式在语段、语篇表达时该如何使用以及怎么训练，不可能具体涉及，因此，我们想通过对现行教材中的练习形式的分析来考察语段、语篇表达训练的具体方法。

人类的思维内容和方式有相同的地方，这是人类之所以能沟通和理解的基础，也是学习者比较容易把握的部分，所以我们的重点应该选择与别的语言思维差异较大的汉语语段表达框架，并且通过对比让学习者认识到这一不同，使他们在表达时有意识地排除母语思维及母语篇章表达模式的干扰，选择汉语篇章表达模式。这点在我们的教材中不够突出。

（2）练习与语段、语篇表达训练的方法

根据有无提示词、句式、语段表达框架等可以将练习题型分为以下两大类。

①提示表达

提示表达可以分为有关关联词语的练习、有关句子连接的练习以及有关语段、语篇表达的练习。

A 有关关联词语的练习

第一，语段填空，根据实际情况完成一段话。

第二，选择合适的词语填空，然后模仿表达一段话。

第三，用指定的词语连接语段。

第四，分析语段中的连接词。

B 有关句子连接的练习

第一，将相关的甲乙句连接起来组成一段话。

第二，重新排列句序。

第三，补出省略的部分。

第四，为句子补出合适的上下文。

第五，将短语按序排列成一段话，并加上标点符号。

第六，将一个个完全单句用一个共同的词合并成一个复句。第七，将句子改写成一句话。

C 有关语段、语篇表达的练习

第一，转述或复述；复述课文的某一段会话；限定人称转述课文的内容；用给定的叙述方式复述一段会话；听述；完成对话，然后改成短文。

第二，根据课文内容用指定词语回答问题。

第三，提示话题，提供参考句式、词语或开头的句子进行成段表达。

第四，续说故事。

第五，完成语段。

第六，提供语段表达框架、词语及句式组合方式进行成段表达。语段、语篇表达的练习是综合练习，涉及词（关联词语）、单句、复句等诸多语言要素，在训练的过程中各要素的练习不可能分离地进行，而要在整个语篇或语段的层面上统一操作，才能取得良好的效果。因此，我们对练习类型不可能作截然的划分，某一练习只练词或只练句子，而是相对侧重于某一方面。

②无提示表达

第一，回答问题。

第二，评价某个人或某一现象。

第三，确定题目，组织学生发言。

第四，口头报告。

第五，讨论题（话题讨论）。

第六，先写出演讲提纲，做演讲。

第七，组织辩论。

通过以上对练习类型的归纳和分析，我们可以看到，语段、语篇表达训练的练习涉及词、句子、语段与语篇等几个层次，通过多层次、多形式的练习对学生进行语段、语篇表达训练，能够提高他们的语段、语篇表达水平。但其中还存在下面一些问题。

首先，关联词语的练习是长期以来比较重视的一个部分，但大部分的练习形式是根据现成的语段判断句子之间的关系，再选择合适的关联词语填空，完成语段。那么，在选择填空完成以后，教师对其他衔接方式是否做进一步的讲解？对关联词语前后的句子是否还作分析呢？我们不得而知。而在实际的教学中我们常常发现，很多学生在成段表达时对表示句子之间关系的关联词语的选择正确，但关联词语前后的句子却不能互相照应，或与整个语段、语篇不协调，如主述位推进错误，句子语体不一致等。

其次，有关句子连接的练习其实已涉及了省略、照应、替代等篇章衔接手段，但在教材中没有系统、详细的讲解，在此类练习中只能通过任课教师自己的认识零散地教给学生，学生很难对汉语篇章的衔接手段有一个全面的了解，再加上这类练习所占的比例不大，就很难对学生进行充分的训练。

再次，有提示的成段表达对学生作出了限制，也提供了帮助，但有些帮助不够具体，如将对话体转述为叙述体时需要注意些什么等。

总的来说，从教材的编写思路及训练方法来看，目前，学者们在语段、语篇教学中做了也正在做着各种尝试，希望寻找到更好的教学方法，提高学生的语段、语篇表达能力。但由于缺乏对汉语篇章知识全面、系统的讲解及大量的配套练习，导致学习者不能形成对汉语篇章表达模式和衔接手段的整体的、清晰的认识，在进行语段、语篇表达时常处于"无意识"或"半意识"的状态，无法有效地控制自己的思维模式及语言要素的选择，出现大量的语段、语篇偏误，语段、语篇表达能力提高缓慢、不显著。因此，运用相关的篇章语言学理论，结合学习者的认知特点，从教学实际出发，构建科学系统的语段、语篇教学模式，在当前具有非常重要的意义。

2. 语段、语篇教学的难点及重点

（1）主述位结构方面

学生在进行语段、语篇表达时常出现主述位推进脱节的现象。句子单看都是正确的，但组合在一起，下句与上句的主述位无法衔接，句子的叙述角度不一致，使得整个语段、语篇的语义信息发生偏移，无法连贯。

（2）连贯方面

连贯没有明显的形式标记，需要通过逻辑推理来达到语义连接，学生较难把握。学习者常犯形式连贯而语义不连贯的"假连贯"错误。这是因为在对外汉语教学中，我们更注意学生在表达时单个句子的语法是否准确，而常常忽略前后句语义的连贯。

（3）衔接方面

篇章的衔接主要通过语法手段（替代、省略、对偶等句式）和词汇手段（同现、复现、逻辑联系语）来实现，有形式标记，体现了篇章连贯的表层轨迹，因而在教学当中可操作性较强，可作为语段、语篇教学起始阶段的切入点。

①语法手段

替代：较多的学习者不善于使用替代，结果造成句义重复。原因在于学习者不知道替代衔接手段或知道但没有掌握适当的表达方法（词、短语、句子等）。

省略：主要表现为不该省略的省略了，而该省略的没省略。前一种情况造成表意不清，后一种情况使得学习者的语段、语篇表达显得较为重复，而且不符合汉语的篇章连贯方式。后一种情况更为多见，这主要是因为，省略是汉语篇章连贯的重要手段之一，出现频率远远高于西方语言，如在西方语言中一般不允许的跨句省略主语的情况在汉语中就很常见。学习者对此缺乏了解，他们的表达仍受到母语篇章连贯手段的影响，所以常出现不会省略的情况。

对偶句式：对偶句式在词汇和语法上体现了相邻句子在结构和形式上的相关或一致性。在篇章中使用可以起到连句成篇的作用。同样，诗歌等文体中采用的押韵、节奏等整齐、有规律的语音形式也增加了篇章的粘连性。但在教学中，我们对对偶等句式及押韵、节奏等语音形式的修辞色彩讲述较多，对其在篇章中所起的衔接作用强调不够，而且，这一类语言形式的运用需要有相当程度的语言水平与文学修养，对一般的学习者而言，读懂这些都不容易，能欣赏已是不错，运用就更谈不上了。

②词汇手段

A 词汇衔接

同现关系：词汇的同现关系包括互补关系、反义关系、序列关系等。一些词在篇章中围绕一定的话题往往会同时出现，形成一个词汇链，这些词属于同一个词汇套。人们往往遇到或想到其中的一个（些）词语，就会联想到该词汇套中的另一些词。而在学习者的大脑语言库中词汇的储存是散乱无章的，没有放入一个一个的词汇套，在表达时无法整体提取，形成词汇链，只能临时拼凑，这样就会出现词汇贫乏、错用以及词汇简单化的倾向。

复现关系：学习者在这方面的偏误主要是不会通过词的复现来达到语义连贯，该重复的词不重复。虽然学生掌握了一定的同义词、近义词，在实际中却不会运用，对上下义词、概括词的概念更缺乏认识。

B 逻辑联系语

逻辑联系语可以由词、短语和分句充当，学习者在这方面的偏误有以下五种情况。

第一，混用连接成分，有将序列连接成分、时间连接成分相混合混用附加连接成分等情况。

第二，误用连接成分，如该用"可是"的用"其实"，该用"其实"的用"可是"。

第三，连接词贫乏，频繁使用一个或几个较简单的连接词，如"可是""所以"。

第四，不用连接成分，很少使用表示"总结""推论""让步""对立""对比""题外""阐明"的连接成分，原因是学习者不了解或没有掌握表达这些语义关系的连接方式，干脆不用或回避使用。

第五，滥用连接成分，如在一个语段中多次重复使用"因为……所以……"，使整个语段啰唆、别扭。

3. 语段、语篇口语教学模式科学系统的构建

要想运用篇章语言学的相关理论来指导语段、语篇口语教学，构建科学系统的语段、语篇口语教学模式，必须要先解决以下几方面的问题。

（1）加强汉外对比，使学生了解并掌握典型的汉语篇章表达模式

在对外汉语口语教学中，要想使学生的语段、语篇表达自然、地道，则其表达模式首先要符合汉语的习惯。为此，我们必须提供与别的语言的篇章表达模式有显著差别的、典型的汉语篇章表达模式，只有这样，才能使学生对汉语篇章表达模式有清晰准确的认识，在表达时自觉排除母语篇章表达模式及衔接手段的干扰，选择汉语的表达模式及衔接手段。这需要进行大量的汉外篇章的对比，从中发现并归纳出典型的汉语篇章表达模式。

（2）注重在语段、语篇层面上的相关语言要素的教学

在语段、语篇中存在大量语义不自足、句法成分不完备的句子，这与在初级阶段学习者所掌握的句法成分完备的单复句有很大不同，也就是

说，语段、语篇不是单个的单复句的简单相加，而是经过必要整合的。对此，很多学习者缺乏足够的认识而且很多学习者的词汇在大脑的语言库中没有按不同的标准和目的分门别类地归档、储存，所以在提取词语时找不到可供查寻的线索或线索不清，不能整体提取，进入语段、语篇，或筛选不当，出现不精确或歪曲使用词语的现象。因此，有必要加强学习者在语段、语篇的层面上对一般词语、关联词语、句子等语言要素的认识和学习，其中包括词汇的搭配关系，句子之间的主述位推进，照应、省略、替代等衔接手段的运用，连贯的句子的逻辑推理等。

（3）引入篇章语言学中相关理论，建立与基础语法的接口

基础语法向学习者介绍了主语、谓语、宾语等一系列句法层面的语法概念及理论，但仅依靠这些语法概念和理论无法清楚地解释语段、语篇的衔接与连贯的方式，所以造成很多学习者在语段、语篇中所作的语法分析只能停留在一个个的句子上。应运用相关的篇章语言学的理论来介绍、分析语段、语篇，首先引入主位、述位、替代、省略、复现、同现等概念，在此基础上介绍主述位的推进与替代、省略、复现、同现的运用等衔接手段。我们认为，篇章语言学相关理论的引入和运用与基础语法在教学程序上是相互衔接的。基础语法主要解决了词-词组-单句-复句这一过程的教学，而复句——语段——语篇这一过程的教学必须由上面所提及的篇章语言学的相关理论来承担。

（4）设计大量配套的练习

运用篇章语言学的相关理论对语段、语篇表达模式及衔接手段进行分析、讲解只是帮助学生建立对此的基本认识，要想在学生大脑中构建起汉语语段、语篇表达的图式，让他们熟练掌握汉语语段、语篇的衔接手段，必须通过一定的训练才能实现。这就需要大量配套的练习，所以，我们应该在原有的语段、语篇练习的基础上发展、创新，使练习形式更丰富，内容更科学，更有针对性，从而能真正达到有效地提高学生语段、语篇表达水平的目的。

（三）基于交际任务的口语教学

1. 基于交际任务的教学法的概念

基于交际任务的教学法概括起来就是：通过让学习者用目的语去完成一系列的交际任务，在运用语言的过程中学习语言的运用，从而实现发展学习者的言语交际能力这一最终目的。

2. 基于交际任务的教学法的原则

斯基汉（Peter Skehan）提出了交际任务教学法的原则。

（1）确定所要教学的语言结构。

（2）根据实用性原则选择交际任务。

（3）安排交际任务的教学顺序，以达到教学目标的平衡发展。

（4）最大限度地引导学生有意识地注意语言形式方面。

（5）循环深化。

斯基汉（Peter Skehan）把基于交际任务的教学分为任务前、任务中、任务后三个阶段。

（1）任务前

任务前：准备阶段。让学生明确交际任务：语境、内容、目的。激活学习者的知识储存，并导入供学生参考的、有助于完成该交际任务的新语言要素：词汇、结构等。帮助学习者准备，引导、鼓励学习者使用新的更复杂的表达形式。

（2）任务中

任务中：学习者在虚拟的交际情境中完成交际任务。教师对整个过程进行录音。

（3）任务后

任务后：教师让学习者听他们自己的录音，进行讲评。

3. 基于交际任务的口语教学法的优缺点

（1）优点

交际任务教学法的最大特点和优点在于交际性和真实性。由于模拟真实交际活动，有明确的交际目的，有特定的语境条件，能大大提高培养语言交际能力的效率。如果交际任务选择恰当，反映学生的实际生活，与学生的预期交际活动相一致，学生的学习积极性就必然比较高，课堂教学的可操作性也比较强。

（2）缺点

交际任务教学法的弱点在于：语言形式较难控制，语言结构的系统性较弱。为了完成一定的交际任务，往往需要运用多种语言结构形式，从而可能打破长期以来形成的语法教学顺序。

交际任务教学法由于把注意力更多地放在内容上，对于形式上的循序渐进必然要做出妥协，难免在一定程度上违背"语言结构习得顺序具有普遍性和语言教学应该遵循语言结构习得顺序"的观点。另外，这一教学法把注意力放在输出上，主张让学生在运用中学习运用，似乎跟"输入大于输出"的观点也不相一致。值得我们深入研究。

4. 基于交际任务的口语教学法的启示

基于交际任务的口语教学法启发我们在口语教学中应采用一种新的思路。

（1）选择学生感兴趣的、有价值的交际任务。完成这些交际任务所需要的语言难度是与学生的语言水平相适应的。

（2）指导学生认真准备。首先，让学生回忆学过的有关词语、结构，用于完成该交际任务。提供补充的新的语言材料（词语、格式等）。其次，让学生把要说的话写下来（可以用拼音）。再次，教师对于学生的准备材料加以修正，特别是对语篇连贯等方面进行指导。

（3）让学生分组表演。表演时不得看书面材料。表演时进行录音。录音可以形成一种比较正式的气氛，从而使学生比较重视输出的质量，也为下一步的讲评提供基础。

（4）教师讲评。这样一种教学法要求教师熟悉学生母语，具有非常全面的知识修养和应变能力。能够随时为学生想要表达的内容提供语言上的帮助，对各种各样可能出现的偏误进行纠正和说明。这样，真正体现了交际性原则和以学生为中心的教学原则。

二、不同水平的口语教学实践

（一）初级口语教学中的听读训练

在初级阶段，学生因受到语言能力的限制，相对于中高级阶段来说，参与社会语言实践活动并不是获得语言能力的主要渠道，而更多地依赖于课堂教学。口语课堂教学内容一般是由词语、课文、重要功能句子练习、语言点讲练以及模仿交际活动等组成的。其中课文是学生进行语言交际活动的基础和摹本。

1. 从学习理论方面来了解听读训练

汉字作为视觉形象比较强的表意文字，在看读时，母语为拼音文字的学生认读汉字比较困难，他们的注意力多集中在每个汉字的读音上，这样就使看读往往变成了认字过程；对于外国学生来说，汉字形体的表意功能又成为他们的障碍，他们往往看得懂，听不懂。与看读相比，听读可以免去汉字在这两方面的影响，直接在听和说之间架起一座桥梁，在学生的记忆中建立语言的声音形象。

语言学习是一个由短时记忆到长时记忆再付诸实践的过程。而记忆是语言学习不可或缺的重要环节。看读时有静态的文字依据，因而更多的只是"读"，记忆是学生主动的、潜在的、不可控制的；而听读时缺少文字的依据，学生必须认真地听懂教师说的每一个词，以短时记忆的形式马上贮存起来，才能够把重复记忆的内容进行再输出，因而听读对学生的记忆带有强制性，准确地说是一个记诵的过程。"听读"和"背诵"两者存在着诸多区别。背诵是语言学习的一个传统而有效的方法，它是一个记忆、输出的过程，但是，背诵的方法在实际的课堂教学中实行起来却存在很多问题。对于来自不同的社会文化背景以及不同性格的留学生来说，背诵不免失之于死板，还可能会引起一些学生的反感。同时背诵是一种个体行为，在课堂上进行容易加重学生的心理负担，不利于活跃课堂气氛。加之，初级口语课文大多是以对话的形式出现的，并不适合背诵。所以，相对而言，听读可以避免上述的这些消极因素，它是介于"读"和"背"之间的语言活动。教师通过集体听读、个别听读以及反复听读重点句子等方法可以在课堂单位时间里更充分地调动学生对课文的注意力。研究发现，如果把阅读过程层次化，即分为字母、音节、词、短语等层次，那么阅读的过程并不一定依照语言单位的层次顺序来进行。当一个较高的阅读层次被接收之后，阅读者就无须回到更低的层次上去完成阅读过程。这样不完整的阅读并不会影响理解。换句话说，就是静态的阅读是可以跳跃的，是以块状的形式被接收的；听觉输入的形式却只能是线状的语音流，听者不能选择，不能预知。

2. 学生在听读训练中出现的主要错误

（1）语序方面

①我要买一张去杭州的火车票。

我要订一张火车票去杭州。

②他对这个项目也挺感兴趣。

他也对这个项目挺感兴趣。

③挺好的，就是咸了一点儿。

挺好的，就是味道有一点儿咸。

由于听读的句子一般不太长，而且听了以后马上重复，所以在较大句法层次上出现的语序问题并不多，仍然多是词法和语言点的问题。比如句②中的"也"的位置，句③中的"一点儿"的用法。这三个例句中的语序问题也说明学生在听读的过程中并不是单纯的重复。

（2）停顿和语调方面

①好的，我们明天上午去/吧。

②最近我心跳得很厉害。

③抽烟多了容易得/肺癌。

④袖子也长/一点儿。

⑤寄平信会不会丢了呀？

在①③④句中的一个完整的语法结构的中间出现了停顿，原因在于学生对一些句法（如补语）和一些难度较大的词（如"肺癌"）掌握得还不是很清楚，因此，在听读时，需要努力回忆句子中的这些部分，说的时候也没有自信，出现了停顿。在句①和⑤中，句末语气词"吧""呀"的使用在学生的中介语中还没有形成习惯，不能与句子的语调协调使用。所以在听读时，有的学生会忘记说，有时是在听到别的学生说了之后或者在教师的提醒下再加上的，因而出现了停顿。除以上两个在听读训练中比较容易出现的错误外，虚词常常被遗漏或被替换为别的词也是较容易出现的错误，学生在听读时需要注意，这里不再详细介绍。

需要注意的是，以上在听读方面容易出现的问题往往纠缠在一起，不能截然分开。

3. 听读的应用对学习初级口语的意义

（1）可以强化学生对课文的理解和记忆。

听读可以用在课文学习之前，给学生以整体的声音形象，了解哪些内容没有得到重现，应作为学习的重点；也可以用在课文学习的过程中和学习之后，教师可以控制听读的速度以及重复听读的内容，必要时教师可以在领读之后再和学生一起读，以强化对课文的记忆。掌握了课文这样一个交际的范本，在一定的程度上就可以保证在实际交际中口语输出的速度和正确性。

（2）有助于了解句子在从接收到重建的过程中所损失的信息以及出现的偏误，进而认识中介语的某些规律。

中介语规则和句子的结构进行对照和强化是听读过程中最重要的部分，听读前和听读后在多大程度上改进了中介语，是帮助我们了解语言学习规律的一个途径。另外，母语不同的学生在听读时发生的问题不尽相同，也反映出听读并不仅仅是记忆的过程。

（3）有助于检查学生对句法、词汇的掌握程度及偏误情况，及时了解教学中的重点和难点。

初级学生往往认为句子比较简单，求知心切，还有一些非零起点的学生，教师也不太了解他的中介语中的问题。学生常常对课文中的句子一知半解。在进行听读训练时，教师可以对句子中的语言点进行有重点的注意，可以随时停下来观察学生可能出现的问题，发现问题之后马上再强调，必要时还可以单独请一两位同学或分组进行听读，努力吸引学生对每个句子的注意力。使得听读练习既紧张又活泼，以发现问题、纠正错误，达到流利诵读为目的。

（4）听读可作为口语测试的方法，以观察学生在听说中的反应能力、对句子的理解程度以及表达水平。

通常，测试可以分为成绩测试和水平测试两种。成绩测试是为了考查学生对某一阶段学习内容的掌握程度。在测试中增加对已学习内容的听读，可以观察学生对重点句子的熟练程度；水平测试是为了考查学生语言表达的总体水平，外语学习者虽然可能识别每个单词，但不一定能把听到的句子保持在记忆中较长时间以供释义，这要看他对句子结构的掌握程度。考查学生记忆广度的大小以及对不同速度的语流的理解、处理能力，可以测出学生听说能力的整体水平。作为测试评判标准的可以有句子的长度、句子中语言点的难度、语言点的数量、词汇的难度以及句子中各个成分的语法关系、语义关系的复杂程度等。听读句子的长度应考虑到学生可能的语言水平和记忆力的限制。一般认为短时记忆的长度大概为七个有意义的单位，但是，记忆的单位是一个变量，短时记忆的容量还会受到长时记忆中的知识等因素的影响。在听读时句子的最大长度应该是普通操母语者所能接受和记忆的长度。另外，同样长的句子，语法和语义关系复杂的在听读时就比较困难。比如"这是王教授托我带给你的书"和"我也要穿颜色鲜艳的衣服了"这两句话长度相同，但前一句比后一句听读困难。所以，在听读时，可以先从以上的几个因素考虑给要听读的句子划分出难度等级，再结合学生听读后对句子的重现率来给出成绩。

（二）中级阶段学生口语输出能力的培养

中级阶段的口语教学应由朗读入手，从朗读材料的选择、朗读的注意事项以及朗读的作用等几方面进行探讨。

1. 朗读材料的选择

对中级水平的学生进行口语教学时，应首先选择一些常用词语（包括俗语、谚语、歇后语、成语等）、各种语气相对集中、表达相对复杂的语段或篇章，并补充急用、常用的书面词汇及语体，以便在表达自己的思想、观点或阐明立场、进行评论时，尽量减少因组织语料而占用时间和精力，使学生在表达时可以直接套用朗读材料中出现的类似表达法，实现口语自动化；中级水平的留学生还应选择一些包含名句名篇的古诗词，以增加学生的文学修养和汉文化底蕴，以尽量减少学生因文化因素的差异或冲突而造成交际中断或交际失败。朗读材料的选择要有一定的稳定性。所谓稳定性，是指可以长期使用而不受时间、地域的限制，特别是一些音像材料更是如此。若经不起时间的考验，那将会大大影响授课效果，也浪费了人力、时间。总体来说，朗读材料应该选择以下内容。

（1）改写过的寓言、神话小故事

这样的短文除了可以给学生一定的语言知识、一定的语气训练外，还可以增加学生的历史文化知识及文学修养。因为学好一门语言，语言知识和历史文化知识同样重要。

（2）朗朗上口的儿歌、绕口令等

通过这一形式，一方面可以丰富学生的学习内容、活跃学生的课堂气氛；另一方面因为这种形式大部分是一字一拍，发音清晰，所以可以帮助学生继续强化学生声韵母发音的清晰度，训练学生口舌的灵活能力。

（3）包含名词的古诗句

崔颢的《黄鹤楼》、苏轼的《水调歌头》（人有悲欢离合）、李煜的《虞美人》（问君能有几多愁）等都是不错的选择。通过朗读类似的古诗词，可以让学生感知其中的韵味，同时提高学生的文学修养，在与中国人打交道时，不至于在此方面一片空白。

（4）难易程度适中的影视剧

阿拉伯故事片《阿拉丁》、迪士尼经典动画片《小美人鱼》等（适合中级上学期后半期学生水平）；日本卡通片《蜡笔小新》《樱桃小丸子》（适合中级上学期前半期学生水平）；国产连续剧《让爱做主》《还珠格格》等（适合中级下学期以上学生水平）。这一形式，可以视、听、说同时进行，精彩的部分，或者看字幕跟读，或者挡住字幕看图配音；还可以让学生只看前半部分，从自己的思维角度续出后半部分。在七嘴八舌的课堂气氛中，学生有了明显的共同安全感，能获取相对多的知识。而且影视剧中的语言是动态的，有的甚至是很时髦的，这会增强学生的自信心，因为学生在交际时，对方尤其是中国人一脸惊讶的表情，有的甚至还加上一句"你怎么知道这么说？"会给学生以积极的心理暗示，使之兴奋资源和注意资源更为持久、更为集中并且得到更为有效的运用，从而缩短学生对汉语的心理距离，激发学生学习汉语的兴趣，使学生在学汉语时形成良性循环。

2. 朗读的注意事项

朗读要注意以下两大方面的问题。

（1）教师自身在朗读时的注意事项

①处理好课堂时间的安排

虽然朗读很重要，但这并不代表其他方面是次要的。所以，教师在课堂上一般拿出十分钟以内的时间来领读、跟读、齐读、自由读（时间可以是分割的）比较合理，而大量的朗读练习则要在课后由学生自觉地进行。课堂上的朗读只是起到引领作用，教师帮学生发准音、把握好语调、语气、语感，停顿位置准确、抑扬顿挫得体，以便学生课后朗读时字正腔圆。

②明确口语能力的提高和读的过程的关系

这要求教师一步一步来，从慢到快，语料从简单到复杂。中级阶段，在初级的基础上，教师可以利用对话或叙述性短文形式的练习强化虚词、代词及关联词语等的用法，使学生成句、成段表达思想时熟练运用叙述、评价、感慨、质问等语体并能自如地运用相应正确的语气。纠正学生过分关注单个句子结构的习惯，避免偏误固化。

③选择朗读材料时要遵循"可懂输入"的原则

"可懂输入"是由美国心理语言学家斯蒂芬·克拉申（Stephen Krashen）首先提出的。其模式为 i+1，i 是学习者现有的水平，i+1 是在学习者现有水平上提高一步的输入。而这种 i+1 输入是有条件的，即必须能被学习者听懂和理解。这就给教师选择语言材料提供了依据：在选择语料时，不必严格局限在学过的单词范围内，而是可以出现部分的超词（要有一定的度）。而且教师还可以选择地道的适合学生的汉语材料，而不是篇篇要再加工成规范的但有些失真的课堂语言。

④处理好朗读与口语输出的关系

口语是一种产生性技能。没有足够的语言信息资料的输入和储备，没有大量输出的练习过程，语言是很难产生的。输入指学习者通过视、听、读等手段吸收语言知识、储备语言材料的过程，这一过程是为语言的理解、记忆和表达输出作铺垫的，在口语教学中占据重要地位；从输入到语言的输出并不是一个简单的刺激反应的过程，而是一个技能形成的过程，也是语言信息加工的过程，必须通过无数次重复，在包含模仿、记忆、巩固、活用等一系列言语技能输入和输出活动中才能形成习得口语的能力。而朗读只是其中的一个环节。朗读可以提高学生的口语表达水平，让学生在理解、学会运用词汇、语法的基础上，给出模拟真实的语料，让学生通过反复朗读来记忆、巩固学过的内容，以便降低交际中产生的失误。另外，教师还可以采用输入与输出相间进行的方法，如学生在反复朗读了语料的基础上，教师可以根据语料提出问题，让学生用语料中的语段回答问题；学生之间针对语料互问互答，教师监控；学生根据语料进行复述、转述等。这种输入与输出的交叉进行，可以调节单调的学习形式，刺激学生思考、记忆朗读过的内容，从而提高决定学生口语技能高低的重要因素——学生的开口率。

（2）教师对学生在朗读时的注意事项

①帮助学生克服焦躁、急功近利的心理

教师应该帮助学生克服焦躁、急功近利的心理，脚踏实地，一步个脚印地练习。汉语学习是一个日积月累、循序渐进的漫长过程。

②帮助学生克服胆怯、害羞或害怕因读不好而丢面子的心理

教师应该帮助学生克服胆怯、害羞或害怕因读不好而丢面子的心理，

使学生进一步认识朗读对提高汉语听说能力和水平的重要性，勇于在公共场合朗读。

③建立和谐、友好、积极、放松的课堂氛围

教师在教学中应该努力建立和谐、友好、积极、放松的课堂氛围，使学生从紧张、防卫状态中脱离出来，把注意力集中到要学习的内容上，并运用多种办法调动学生朗读的积极性、热情和兴趣，发挥学习主体的作用，指导学生结合自身的实际情况，利用教师所给的各种材料（包括录音），多听、多模仿、多朗读，并用心安排各种方式让学生及时觉察到自己的进步，进一步推动学生朗读的热情，形成良性循环。

另外，对中级阶段的留学生而言，教师还应在继续强调学生注意标准发音和语调练习及句与句、段与段的时间间隔的基础上，注意引导学生有激情地朗读，避免出现从头到尾用一个语调的"冷静"的朗读方法；注意朗读时根据材料的不同而选择相应的朗读节奏，如舒缓型、紧张型、低沉型、高亢型、凝重型、轻快型。

3. 朗读的作用

（1）有利于培养学生的语感

培养语感，朗读是一个很好的途径。因为朗读材料本身是一种地道的汉语，留学生在朗读汉语材料时，视觉、听觉并用，反复刺激语言中枢，使所读内容在大脑中得以强化。以后遇到相似的语言情景时，会不自觉地再现以前接触过的语言材料，并以此为标准来判断自己生成的语句的正误。特别是到了中高级阶段，口头表达的词汇不再仅限于日常生活范围，而是更丰富、更向书面语靠近、语法格式更复杂多样、语用更严格。学生在初级阶段已经掌握了一套简单的表达方法，如果使之固化，不能以新代旧，学生就会在"语言的高原期停步不前"。因此，让学生大量朗读更高层次的语料，可以使学生把词的音形义统一起来，掌握新词、掌握新的表达方法，从而培养学生的语感，这样学生就能在更高层次上提高汉语水平。

（2）可以帮助学生正音、正调

朗读可以算是"准口语"，是从书本内容到实际表达之间不可缺少的一个环节。朗读时如果教师能反复强调轻重音、儿化、连读、变调等技巧的练习并能持之以恒，就能为学生说出地道、纯正的汉语打下坚实的基础。学术界目前对正调的问题有所争议，有的学者主张从单字调入手，有的则主张从语流层面入手，我们认为中级阶段的留学生应双管齐下。如学生学了"并"这个副词，教师在强调了它的单字音后，就可以把它放进几个日常生活中常用的句子里，如"我并不喜欢吃早饭""别看他一副傻乎乎的样子，其实并不傻"。要地道地说出这几句话，就要注意"并"的重读、"欢""乎乎"的轻声读法及整体的陈述语调几方面的问题。值得注意的是，在语流层面中，轻声的问题较复杂，不同的声调后存在着音高形式不同的轻声，这里所谓的音高就是相对音高，即在同一声调音域范围内的对比中产生的。

（3）可以使学生更早接触语法、单词及语篇衔接手段

朗读可以让学生早于教材接触某些常用语法、单词及语篇衔接手段，从开始就给学生一种规范的汉语表达形式，并使这种规范形式通过朗读而固化，从而降低口语输出时错误、失误的发生率。话语的产生一般要经过话语计划、话语建构和话语执行三个阶段，而话语的建构又最为重要，它需要学习者把陈述性知识转化为程序性知识，也就是说，要依据陈述性知识的提示，将其化为一系列的产生句子的程序，认知心理学叫作产生式，学习者凭此生成有关的句子。如果课堂上教师设计多种情景并给出适当的表达方法，让学生反复朗读，并在朗读中注意所涉及的发音技巧，那么这些语言材料会从定义或概念自动地化为程序性的系列产生式，学习者便可以在此基础上生出无数同类型的句子。这样，学生头脑中的每一种句式、每一种表达模式里都包含了多个例句而且通过朗读学生都已相当熟悉，句子模式和类似的多个例句就紧密相连，融为一体了。一旦学生有表达的需要，就会激活某个模式，同时也就激活了这些相关的句子，它们会跃然而出。学生只要稍加改造就能说出符合当时语境的句子。

（4）可以帮助学生体味汉语语句的含义

语句义包括词语的隐含意义、成语惯用语的意义、用意、暗含等。通过朗读，帮助学生掌握词语所传达的褒贬意义；某些文化词语如松、竹、梅、猫头鹰、喜鹊、龟等隐含的文化意义；对成语、惯用语、俗语、谚语的补充信息或阐发信息予以理解；帮助学生理解说话人的真实用意、婉言用意。留学生要体会出母语以外的语言所内涵的因素，除了熟练掌握这门语言以外，没有其他的捷径。而要熟练地掌握汉语，朗读不失为一种明智的选择。

（5）可以培养学生形成段落分明、首尾呼应的习惯

汉语篇章之法历来讲究"虎头豹尾"，即开头要有气势，结尾要有力，或总结全文、升华主题，或戛然而止、余味深长。当学生到了中级阶段，掌握了一定的词汇量后，就为成段表达打下了基础。如果在此阶段注意选择适合学生的材料并加以体会、模仿，长此以往，学生在表达时会不自觉地注意篇章结构的模式。

（三）高级口语教学中辩论的应用

高级阶段的口语教学更侧重于学习者成段表达的技巧以及用汉语进行思维的训练，辩论是进行这种训练行之有效的方式，它可以为学习者提供一个自由的习得汉语的环境，在发挥其主观能动性上具有明显的效果。

1. 辩论对主客体的要求

（1）辩论对主体的要求

辩论的主体即学习者应具有一定的汉语水平，相当于《汉语水平等级标准与语法等级大纲》中规定的中等水平或中等水平以上，具体地说，他们应该具有一般性的听、说、读、写、译能力，具备在中国高等院校入系学习的基本语言能力。这既是对辩论主体的要求，又是在教学活动中使用"辩论"形式的前提。

（2）辩论对客体的要求

辩论对客体的要求也就是如何选择辩论的主题。通常，辩论的主题应联系实际的教学内容，要针对所学的内容确定辩论题目。选择辩论的题目

要紧紧围绕教学内容，这样既可以巩固所学内容，又可以顺利地完成用汉语沟通和交流的任务，可谓一举两得。

2. 辩论的意义

（1）激发灵感，挖掘潜力

第二语言的学习不是对语言知识的简单、机械地重复，而是一个具有创造性的过程。第二语言学习的主体已经具备了第一语言的语言知识、文化知识和科学的思维能力，这为学习的创造性提供了保障。而辩论过程的自由性为学习主体发挥其创造性提供了一个广阔的空间。在辩论过程中，学生们时时有一些精彩的语句，而这些精彩的辩词常常是他们"急中生智"的成果。所以说，辩论具有激发灵感、挖掘潜力的重要意义。

（2）提高应变能力

对处于高级阶段的学习者而言，凭借自己已掌握的语言能力，在基本的日常生活交流中，面对固定的谈话对象、相对固定的谈话内容，交际过程中一般不会遇到障碍。而依据第二语言学习者的学习动机来说，无论是职业的需要，还是交际的需要，他们在日后的工作和生活中，都将面对更多不同的场合、不同的谈话对象，交际的背景和交际目的也各不相同，交际内容的复杂性和不可预测性决定了交际者在具备一定的语言知识、文化知识和交际策略的基础上，还要具备一定的应变能力，针对不同情况做出相应的反应，只有这样，交际才能成功。而辩论为学生提供锻炼应变能力的机会是不言而喻的：在辩论过程，辩论双方都无法预测对方提出的论据材料，而要使辩论顺利进行，不仅要有准确、丰富的材料作为根据，更需要对意想不到的提问、陈述等做出适当的回应，这在无形中提高了学生的应变能力。

（3）培养并加强学习者用汉语思维的习惯

在对外汉语口语学习的最初阶段，学习主体很难将思维直接与目的语联系起来，在理解和表达上往往需要一个由母语翻译为目的语的中介过程。当学习主体达到一定的水平后，已经积累了一定的词汇量和语言规则，适当的交际环境可以为他们提供用外语进行思维的契机。在紧张、激烈的辩论中，辩论主体要尽快理解对方的意图和言语内容，对对方的问题及时做出反应，必须尝试将思维和汉语联系起来，辩论起到了一定的督促作用。

（4）为学生创造自由的交流环境

成人学习第二语言的途径不仅是通过学习，也可以通过习得的方式获得，换句话说，语言知识的学习和语言技能的训练相结合，是最好的途径。留学生在目的语国家学习，为习得提供了可能。在高级阶段的教学活动中，学生在课堂活动中的主体性更加显著了。这就要求我们尽可能地为学生提供一个自由的交流环境，以发挥他们的积极性。辩论的气氛虽然是紧张的，但这种紧张的气氛也会让学生产生自由、主动的情绪，会让学生敢于表达自己的观点，为了小组的荣誉，积极反击对方。大家的自信心和听说能力在不知不觉中提高了。此时，学生克服了害差的心理，专注于本方和对方辩友的表达内容。他们不单单拘泥于已准备好的材料的复述上，还能急中生智，临场发挥。这种自由的、无拘束的交流无疑提高了他们的语言交际能力。

第六章

对外汉语阅读课教学

第一节 阅读课的性质与定位

一、阅读课的作用

阅读课是语言技能课的一种，对应的是听、说、读、写四种技能中的"读"。大量阅读，是提高外语或第二语言水平的重要途径和方法。阅读课在第二语言学习中的作用，包括以下几点：

1. 巩固已学知识

在综合课或其他课型中学到的词汇、语法需要不断复现、练习，才能得到巩固，否则很容易被遗忘。阅读课为学习者提供了重新接触这些词汇、语法的机会，使其不断在大脑中再现，长久地储存在记忆之中。

2. 扩大词汇量

词汇量是决定第二语言能力的重要因素，阅读是扩大词汇量的重要方法。综合课等课型强调精讲多练，词汇数量有所控制；阅读课可以让学习者接触更多的新词新语，扩大学习者的词汇量。

3. 培养语感

在综合课等课型中学到的语言知识，是显性的，是我们能够清楚地表述出来的语言知识。除了显性语言知识之外，语言能力的提高，还需要大量的隐性语言知识，即通常所说的语感。当我们认为某个句子听起来或感觉正确的时候，使用的便是隐性语言知识。阅读可以提供大量的语言输入，帮助我们获得隐性的语言知识。在阅读中，我们往往会不知不觉地理解、掌握词句意义、语法规则、语用规律等。

4. 增加与语言有关的背景知识

有些词句，仅从语言本身理解是不够的，还需要了解其背后的历史文化等背景知识。例如，要理解"三顾茅庐""脱颖而出""望子成龙""门当户对"等成语的意思，就需要知道相应的历史故事、文化传统等。大量读第二语言文章，可以更多地接触、了解第二语言国家的历史、国情、文化等方面的背景知识，有助于第二语言水平的提高。

5. 检验第二语言水平

阅读，是检验第二语言水平的手段之一，在各类语言测试中，阅读理解都是重要的组成部分。阅读理解，可以检测学习者的词汇量、对语法规则的掌握和熟悉程度、阅读速度、理解的准确度等，可以综合反映学习者第二语言（特别是书面语）的习得水平。学习者可以通过阅读理解测试，了解自己第二语言的进步程度、不足之处，等等。

二、阅读课与其他课型的关系

作为语言技能课的一种，阅读课与听力、口语、写作、综合等其他课型之间，存在一定的关联。

（一）阅读与听力

阅读与听力都涉及语言的输入和理解，由于输入方式的不同，它们存在很多区别，但读和听之间存在许多共同之处，有一定的依存关系。

从感知方式上，阅读是对视觉符号的感知，字形在感知中的作用非常重要；而"听"是对听觉符号的感知，语音的清晰度和敏感度影响很大。从时空上来看，听的语言转瞬即逝，信息在听的瞬间获得，除非是听录音，可以反复回放；阅读却可以反复，时间可以由读者自己控制。

大部分的阅读，都属于默读，嘴里不发出声音，但是在默读时，会感觉脑子里有一个声音在读阅读材料，我们似乎先把文字变成声音，然后再进行感知和理解。可以说，"读"和"听"之间存在关联。

（二）阅读与写作

阅读与写作涉及的都是书面语言，二者联系密切、相辅相成。阅读是输入，是知识和信息的吸收与积累；写作是输出，是语言的运用，是信息的发出。阅读是从文字中获取信息，写作是将信息转换成文字。

在第二语言学习中，阅读也是写作的基础。不同的语言，有不同的写作模式和表达方式，阅读可以为写作提供模板和范式。在写作课上，教师在给学生布置写作任务时，一般都要先给学生提供一篇范文，让学生阅读、分析范文后再开始写。

（三）阅读与口语

"说"是口头语的输出，"读"是书面语的输入，二者看似关系不大，其实，大量的阅读对口语能力的提高有一定的促进作用。

阅读的材料，既可以作为写作的范本，也可以作为口语练习的范本。阅读中获得的知识和信息，可以成为口语练习中的话题，阅读课中学到的词汇、句型，同样可以应用于口语练习。

在阅读课教学中，也可以训练学习者的口语能力，如让学习者就阅读材料的内容提出问题，或者让他们复述阅读内容、发表评述意见，也可以就阅读内容进行讨论、辩论、演讲等。读说结合的教学，既可以检验阅读理解的情况，也有利于活跃课堂气氛，还可以培养、提高学生的口语能力。

（四）阅读与综合

广义的阅读有两种：精读和泛读。

综合课上也有阅读，这种阅读属于精读，也叫细读，要求学生深入理解阅读内容，所用课时多，教师讲解多，会穿插大量的词汇、语法、文化等方面的学习内容。在综合课上，阅读本身不是目的，通过阅读，掌握课文中的生词、语法、文化等知识才是重点。

阅读课上的阅读属于泛读，强调阅读量大而泛，要求在有限时间里能看完数量较多的阅读材料，但不要求全面、深入理解所读内容。阅读课要求学生尽量多读，题材尽可能多样，阅读的速度通常较快，教师的作用是引导，告诉学生阅读的方法，了解学生的阅读情况，指导学生快速阅读，提高学生的阅读理解能力。在阅读课上，也会有生词、语法与文化内容的，但这些不是重点，重点是提高学生的阅读速度和阅读理解能力。

三、心理学与阅读教学模式

受心理学理论发展的影响，阅读教学也形成了不同的模式，主要有行为主义、认知主义和社会建构主义三种阅读教学模式。[①]

（一）行为主义阅读教学模式

从 20 世纪初到 20 世纪 50 年代末，行为主义在心理学研究中占据统治地位。行为主义强调可观察的行为，由于发音、记忆和词汇都能得到很好的定义和测量，都能进行精密的观察和良好的控制，因此发音、文本信息的记忆和词汇的发展成了阅读教学的主要关注点。

行为主义认为，人类的每项技能都能分解为一系列子技能，而阅读技能可以分解为发音、解码、理解词义、获取信息。这些技能可以通过一定的程序加以塑造，并通过大量的练习得以强化。行为主义阅读教学模式重视外显的行为，设计大量的练习，主要考察发音、词汇掌握、文本记忆等。这种教学模式一般适用于精读课，不适用于以泛读为主的阅读课。

---

① 参见王晓平，胡：《西方阅读教学模式及其发展述评》，《江西教育科研》2007年第 6 期，第 79 页 356.

（二）认知主义阅读教学模式

20世纪60年代末以来，教育心理学家开始广泛关注阅读过程中的认知过程和元认知过程。认知主义心理学将意义作为阅读过程的核心概念，强调阅读过程就是意义建构的过程，是读者与文本交互作用的过程。认知主义阅读教学模式，将教学重点放在阅读策略上，观察、分析成功的阅读者经常使用的阅读策略，并使更多的学生掌握这些阅读策略。

在教学方法上，认知主义阅读教学模式一般包括五个步骤：

（1）教师直接解释阅读策略，向学生介绍在将要阅读的材料中需要使用何种策略，在什么时候使用这种策略以及如何使用这种策略。

（2）教师示范阅读策略的使用，一般是采用出声思考的形式向学生示范自己使用这种策略的心理过程。

（3）学生在教师的指导下练习使用阅读策略。

（4）学生独自练习使用阅读策略，教师则将阅读和使用策略的任务完全交由学生完成，学生如果感到困难再向教师请教。

（5）教师总结，再次向学生明确阐述该种策略的操作步骤，要求学生在阅读时习惯使用该种阅读策略。

（三）社会建构主义阅读教学模式

不管是行为主义还是认知主义的阅读教学模式，都把阅读教学视为手段或者途径：行为主义把阅读教学视为练习发音、学习词汇、获取知识和信息的途径，认知主义则把阅读教学变成阅读策略培训。这两种模式下的阅读，都不是自然的阅读，而是经过人工设计的阅读。社会建构主义认为，阅读教学应该是一个自然的过程，就好像儿童学习母语的过程一样，不应该采用任何人工化的教学方法，反对单纯地传授阅读技能或者阅读策略。

社会建构主义阅读教学模式主张，尽量采用自然、真实的方式进行阅读教学，不以做对练习题或考试题、掌握技巧和策略为目的，而是在阅读的过程中学习阅读、学习语言，获取知识。在教学方法上，教师要做的是：为学生提供合适的阅读材料或者让学生自己选择阅读材料，在学生阅读过程中提供指导和帮助，阅读之后和学生进行交流、讨论，而不是去做各种练习题。

这一模式的优点是贴近实际生活的阅读，学生不会产生焦虑感；缺点则是没有给学生足够的压力，学生语言能力、阅读能力的提高相对较慢。

实际的阅读教学，往往是这三种模式的融合，既有发音、词汇、记忆方面的练习，也有各种阅读策略的教学和培训，有时也进行一些自然的阅读，单纯享受阅读的过程和愉悦。教师应根据教学目标、学生阅读能力、教学情境等，进行合理的组合，构建适宜的阅读教学模式。

第二节　阅读课的教学难点和教学策略

阅读课中的"阅读"，是一件耗费脑力、承受生理和心理压力的事情，阅读理解能力和阅读速度的提高，效果不像学习生词、语法那样显而易见、一目了然；阅读课以学生读、教师讲为主，很难进行丰富的课堂互动练习。由于以上原因，阅读课很容易成为学生眼中最没意思的课、最不愿意去上的课。

上好阅读课，并不是一件容易的事情，教师至少面临三大难关：阅读材料的选择和编辑、阅读练习设计、课堂气氛调节。

一、阅读材料的选择和编辑

选择阅读文本，是阅读教学的一个重要环节。一本好的阅读教材可以帮助教师完成这一任务，但是教师不可能只抱着一本书就完成整个学期的阅读教学，很多时候，教师要自己选择和编辑阅读材料。

在选择和编辑阅读材料时，要注意以下几个方面：

（一）要有吸引力，尽量选择学生喜欢读、愿意读的阅读材料

可选择学生日常生活中实用性强的材料，如列车时刻表、说明书、广告等；也可选择带有趣味性的材料，如笑话、喜闻乐见的故事、有趣的研究和观点等。在选择阅读材料时，要注意话题的多样性，从历史、文化、经济、政治、教育、社会、旅游等不同的主题中选择合适的阅读材料。

（二）要适合学生的水平，难度适中

难度的控制要考虑文章长度、生词量、语法复杂性三个方面。根据学生汉语水平、阅读能力、阅读兴趣等，控制单篇文章的长度。一般来说初级班尽量控制在 200 字以内，中级班不超过 600 字，高级班不超过 1000字。如果生词太多，则将部分生词用学生学过的词进行改写。如果有些句子的语法比较复杂，则改用简单的句式进行表达。

（三）要能满足教学需要，方便设计阅读练习

阅读课的教学任务是培养阅读技巧和阅读方法、提高阅读理解能力，阅读材料是实现这一任务的工具。选择和编辑阅读材料还要考虑能否设计、如何设计阅读练习。为了设计阅读练习，有时会有意对阅读材料进行改编。

二、阅读练习的设计

做阅读练习，是提高和检验学生阅读理解能力的重要手段。设计阅读练习，是阅读课的重要环节之一。在设计阅读练习时，应注意以下几点：

（一）要有针对性

每一道练习题的设计，都应有其目的，是检验学生能否快速找到相关信息，还是考查学生是否准确把握了作者的观点、态度等。根据第二节关于阅读理解能力和阅读技巧的分析，可以设计几种类型的练习内容：快速查找相关内容，找出并理解一些重要细节、把握作者的主要观点、把握作者的态度及语气、将长句化繁为简、评读、抓关键、跳障碍、找主题词和主题句等。

（二）选择合适的题型

大部分阅读理解测试中，都使用选择题这种题型，在设计阅读练习时，也一般以选择题为主，但选择题的设计有难度，设计不好便达不到目标。刘颂浩曾在其《对阅读教学研究的若干思考》一文中就选择题的编写原则提出了很好的建议：

关于题干的原则，题干应尽可能地点明问题的实质，让学生明白问题究竟是什么；从反面提问（如"下面哪句话不对"）的题目不应太多等。

关于选项的原则，选项本身要符合语法；选项要具有一定的迷惑性，不能生拼硬凑等。

关于选项与文章的关系，选项要用同义替换的方法重现原文，避免使用文章中原有的措辞，同时要保证选项比原文容易等。

关于选项与题干的关系，所有的选项与题干相接后，在形式上都应是完好的，读起来符合语法和逻辑；选项中共同的语言成分应集中于题干上，以使表述精练等。

关于选项与选项的关系，选项应互相独立，避免相互依赖；选项在长度上不能相差太多；词汇多选题中的各选项在难度上不能相差太大等。①

可见，要设计高质量的选择题并非易事，需要根据教学目标精心策划科学设置，当然，一味采用选择题会导致考察角度的片面性，因此通常还会使用其他题型，如填空题、判断题、连线题、问答题等，多角度地考察学习者的阅读理解及表达能力。

（三）练习题在阅读材料中的分布要均衡

在选择和编辑阅读材料时，就要考虑到练习的设计。把阅读材料分成几个部分，每个部分都应该至少能出一道练习题。练习题的答案或解题线索，应该均匀地分布在阅读材料中。如果阅读材料中有一部分没有对应的练习，去掉后不影响学生做练习，这一部分就可以考虑删掉。

---

① 刘颂浩：《对外汉语教学研究》，教育科学出版社 2005 年版，第 52 页.

三、课堂气氛的调节

阅读课是一个不容易"讨好"的课型，"不少教师和学生都觉得阅读课最大的困难是单调，整个教学就是：学生阅读、做题，教师评讲，然后学生又阅读、做题，教师又评讲……周而复始，课堂气氛沉闷。"①

这种沉闷在很大程度上是由阅读课的课型特点决定的，阅读课就是要让学生多读，提高阅读速度和理解能力，互动时间自然就少了。但是，如果一直这样沉闷，会影响学生上课的积极性和学习效果，教师也应该采取一些办法，调节课堂气氛。

最常用的办法是增加互动的机会。例如，在阅读前进行生词的讲解和练习，可以让学生用词造句；讲解阅读练习时，提问学生选哪一项以及为什么选这一项。如果学生有不同答案，阅读活动结束后，可以组织学生就文章的主题或相关内容进行讨论，等等。

让学生获得更多成功的喜悦，也是调节课堂气氛的重要方法。在训练阅读方法和理解能力时，要让学生能感受到自己的收获和进步。例如，学生掌握猜词的方法后，给他们设计相应的练习让他们感受到自己能准确猜出那些生词的意思；让学生找出文章的主题词和主题句，让他们感受到这种方法能提高阅读速度，在有限的考试时间内更快地解题；让学生比较一下训练前的阅读速度和训练后的阅读速度，让他们感受到自己的进步。成就感和成功的喜悦，既是激励他们学习的动力，也可以提高他们对阅读课的兴趣。

要提高阅读课的吸引力，也要求教师更有幽默感和情绪感染力，教师要用自己的愉悦感，去感染和带动学生，让他们也感受到阅读的喜悦。

---

① 周小兵等：《汉语阅读教学理论与方法》，北京大学出版社 2008 年版，第 148 页.

第三节　阅读课的教学环节和教学方法

对外汉语阅读教学，可以分为准备阅读材料、阅读前、阅读和阅读后四个环节。

一、准备阅读材料

教师在上误前，首先应该准备好相关的阅读材料。

（一）选择和编辑阅读文本

阅读课有丙种情况，一种是有固定的教材，一种是没有固定的教材。

如果有固定教材，教师不能随意改动，只能学习教材上的文章。但是一般阅读教材往往既有正文，又有副课文，是全部学？还是只学正文？或有选择地学？这就需要教师进行抉择。另外由于学生手中有教材，如他们提前预习了，就无法在课上进行限时阅读，也不能检验出他们真实的阅读理解能力。因此，尽管有固定教材，教师也要适当补充点儿其他材料。

如果没有固定教材，教师可以自己选择，也可让学生参与选择。教师一般不事先发给学生材料，而是让学生上课时才拿到材料，当堂阅读与理解，这样可以看出学生的真实理解水平，也符合限时阅读的要求。

在选择阅读文本时要注意，文章的长度和难度要符合学生的语言水平，必要时可以对文章进行适当的删改。其次，文章的内容要有一定的实用性趣味性，尽量贴近学生生活，使学生有兴趣去读。例如，每个人都会做梦，为什么会做梦？为什么梦里的事情有很多是稀奇古怪的？为什么人们经常记不起自己做了什么梦？对这些问题，人们都很想深入了解。在高级阅课上，选择一篇关于梦的说明文，学生可能会非常感兴趣。另外，教师还可以让学生自己选择部分阅读材料，让他们自己在课堂上朗读、讲解等。

（二） 设计阅读理解练习

练习可以采用填空题、判断题、选择题、问答题等多种形式，考查学生对所阅读文本的理解程度。练习要符合学生的实际水平，并能考查学生查找相关信息、理解长句难句、把握主旨和观点等多方面的阅读理解能力。

（三） 确定要练习的阅读技巧和方法

根据文本和练习，确定要讲解和练习的阅读技巧，如猜词、抓关键、跳障碍、找主题词、主题句等，并做好相应的教学设计。一本好的阅读教材，可以帮助教师完成以上活动。但是，如果学生一直抱着一本教材读，难免会觉得单调厌烦，教师需要根据实际情况自己补充一些文本和练习。

二、阅读前活动

在让学生正式阅读前，教师应该做好以下准备活动。

（一） 讲明阅读课的任务和要求

教师在学期初刚上阅读课时，就应明确阅读课的要求：阅读练习不是要求学习者百分之百地理解文章，只要理解其主要内容和部分细节就可以了。教师在课堂上也要不断地提醒学生以下几点：不要试图读懂每一个字、每一句话。有的字、词、句比较难，不理解也没关系，先往下读，能大概知道文章的意思就可以了。阅读时，应利用多种方法推测生词的意思，完成阅读练习之后再查词典核实自己猜词是否正确。

（二） 处理生词和语法点

在阅读前，讲解一些重要的生词和语法，可以降低学生阅读的难度。生词表中的生词，一般是按照在文中出现的先后顺序进行排序，在处理生词时，教师可以对生词进行重新归类，把词性相同或词义相关的生词放在一起，例如表示人的名词：丈夫、司机；表示物的名词：旅行车、牌子、脑袋；动词：数、带、驾驶、注意、挂；表示戏剧的名词：京剧、川剧、豫剧、越剧；表示心理活动的动词：赞成、考虑、同意、讨厌。

通过这样的方式，可以帮助学生在头脑中形成某一类词语的图式，有助于他们理解和掌握这些词语，也有助于他们阅读和理解相关的文本。

（三）激活背景知识

背景知识会影响学生对阅读文本的理解，在阅读之前，教师可以通过各种办法先激舌学生的背景知识。

方法一：进行预测

教师可以引导学生根据文章标题、生词等来预测文章的内容。如看到标题：《大学生消费调查："月光族"女重穿着男重娱乐》，可以预测："月光族"一词可能和"消费"有关系，这篇文章是关于大学生消费的。再比如，生词表中有"旅行车""注意"这两个词，可以预测：这篇课文是不是和"旅行"有关呢？要"注意"什么？为什么要"注意"？

方法二：头脑风暴

在阅读文本前，可以组织学生进行头脑风暴，对相关的词汇和行为进行大检索，使学生尽可能在最短的时间里了解有关话题的知识。例如，要阅读与旅游有关的文章，可以先让学生想一想已经学过的、与旅游有关的词语，将这些词语汇总以后，再引入要阅读的文章。

方法三：提供相关知识

如果学生缺少相关的背景知识，教师也可以先提供与文本有关的知识。例如，《发展汉语·高级汉语阅读（上）》中有一篇关于园林的文章，在阅读之前，教师可以先讲一些关于园林的知识，展示苏州园林、凡尔赛宫等园林的图片，在激活背景知识的同时，还可以激发学生的阅读兴趣。

方法四：提供阅读提示

在学生开始阅读之前，教师可以提供适当的阅读提示，如这是一篇关于什么的文章？阅读时应该注意哪些地方？等等。

例如，要读一则电影海报，教师可以在阅读前提出这样的问题：

电影的名字是什么？这部电影是关于什么的？什么时间放映？在什么地方放映？票价是多少？

三、阅读活动

在做好阅读前的各种准备之后，就可以正式开始阅读教学了。

（一）限时阅读

根据文本的长度、难度以及阅读练习的多少，限定学生在多长时间内读完文本、做完练习。学生阅读时，教师应该不断巡视，以了解学生的阅读情况。如果发现学生查词典或有其他的不良阅读习惯，要及时提醒。

为了提高学生的阅读兴趣，增加学生之间的互动，活跃课堂气氛，阅读课还可以采用合作阅读的方式：可以让学生分别读文章的不同部分，再把不同部分整合起来，形成一个完整的文章；也可以是两三个学生合作做完练习，每个学生先选择自己的答案，相互对照、讨论之后再形成一致意见；可以是两个同学针对文章内容，相互提问、相互回答。

（二）讲解练习

讲解不是简单地核对答案，而是要讲明为什么。在讲解过程中，可以通过提问的方式，了解学生对文本的理解程度，并有针对性地进行指导。

（三）讲读文本

如果文本相对较难，或者比较有意思，教师也可以对文本进行适当的讲读。讲读可以在讲解完练习之后，也可以结合练习进行讲读，即根据讲读文章的一些重点、难点，解决学生在阅读理解过程中遇到的困难。

阅读课上的讲读不是一字一句地讲读，而是把重点放在对文章整体框架、大致内容的掌握上，同时适当地讲解一些重要的词汇、语法、句子。

讲读要增加与学生的互动，多提问学生，并鼓励学生提出自己的问题，相互讨论。教师可以结合文本和练习，讲练一些阅读技巧；也可以把阅读技巧单独拿出来，作为阅读教学的一部分。

四、阅读后活动

读完文本、做完练习之后，还可以进行一些延伸活动，例如：

（一）概括文章内容

读完文章之后，可以用复述的形式，让学生自己概括一下文章的主要内容。

（二）对阅读过程的总结、反思

可以让学生思考以下问题：为什么有的练习做错了？以后应该注意什么？自己在阅读时还存在什么问题？文章还有哪些地方不大明白？

（三）用文本中的词汇、句式造句

阅读课上所学的词汇、语法，一般只要求学生能够理解，但我们也可以让学生用文本中的词汇或句式进行模仿造句。如：

①看好了就想买，少则几十块钱一件，多则一、二百元。

少则……多则……

②相对于女生爱打扮的花俏，男生则更注重于课外的娱乐生活。

相对于……，……则更…

（四）针对文本中的话题，组织讨论或写作

教师可以组织让学生针对文本内容，提出自己的观点；还可以让学生简要地复述或重写文本内容，把语言输入和输出结合起来。这样做，不但可以提高学生的语言表达能力，也可以增加阅读课的趣味和吸引力。例如，读完一篇关于"闪婚"的文章之后，可以让学生谈论一下自己对"闪婚"的看法。在讨论时，可以鼓励学生质疑作者，提出与文章不同的观点，并说明自己的理由。

适当的读后活动，可以让学生从文本阅读中得到更多的收获，并对自己在阅读课上的收获有更深切的认识。

第四节　对外汉语阅读教学实践

一、针对不同水平的对外汉语阅读教学实践

（一）初级阶段的对外汉语阅读教学实践

目前，在对外汉语教学界，人们普遍认识到阅读在培养学生汉语语

感、提高学生的汉语理解能力方面所起的作用，从阅读心理、阅读技能训练等各个角度对阅读的性质、目标、手段进行了不少探讨，而且还借鉴了国外有关阅读理论的研究成果指导阅读教学，取得了较好的教学效果，总结了许多经验。不过，这些研究、探讨大多限定在较高水平，而对于那些处于初级阶段的学生如何进行阅读能力的培养却很少有文章涉及。有观点认，为阅读有赖于阅读者自身具有的语言知识，如果没有一定的词汇量和语法知识，阅读就无法进行，初级阶段的学生掌握的汉语词汇和语法规则少而又少，对他们进行阅读能力训练为时过早。但是，本书认为在初级教学中，教师就应该训练学生阅读，通过阅读巩固、积累语言知识，在阅读中培养阅读习惯，这对学生将来接受正规的阅读训练会大有裨益。

1. 初级阶段对外汉语阅读教学的内容

教学内容受教学目标的制约。目标的高低影响训练内容的多少以及侧重点。

我们的调查显示，在初级的第二个学期刚开始时，很多学生掌握的汉字仍然十分有限，字词认读还是阅读的主要内容之一。因此，认记汉字、积累词汇、句子理解应该是教学的重点。在这个时候进行抓中心思想、找主要事实或特定细节、进行判断推理等以内容为导向的阅读技能训练，还为时尚早。国家汉办编制的教学大纲，对初级阅读课程内容的要求十分明确：

教学内容是认读字、词、句，在此基础上，阅读与综合课教学语法、词汇相关的短文。短文内容包括与学生的学习、生活有关的知识、常识以及中国社会和人文方面的简单介绍。教学方法是在细读上掌握短文大意，正确理解文章中重点词语及句子的意思，逐步过渡到限时阅读。

大纲强调了对字、词、句等语言知识的学习，以及对中国生活、文化常识的积累。阅读的重点在理解，速度放在理解的基础之上。我们认为这样比较适合初级阶段学生的语言水平。

2. 初级阶段对外汉语阅读教学的目标

初级阅读的教学目标，可以设定为：通过对学生进行初步的阅读技能训练，培养学生的阅读理解能力，在理解的基础上提高阅读速度。

阅读理解必须以一定的词汇量为基础。在汉语学习的初级阶段，由于受学生识字量的限制，字、词辨识仍然是学生的主要任务，目的是意义理解。这个时候，学生是通过学习，通过积累字、词而学习阅读，对速度的要求不需要太高。

3. 初级阶段对外汉语阅读教学的注意事项

（1）指导学生树立"阅读"意识

如果自己的学生是第一次面对阅读，教师第一步要做的就是要让学生明白阅读是新的课型，与其他课型有很大的不同。

阅读课的目的，一是学习阅读技能，二是理解文章意思，三是扩大词汇量。

就学习阅读技巧而言，不少学生对阅读技能训练既感到新鲜，又有些不理解。有的学生认为自己学汉语是为了能跟中国人交流，上阅读课是为了看懂汉语文章，为什么要分析词汇结构和句子成分。对于这些学生，最重要的是让他们了解技能训练的必要性。这种工作在第一节课就要开始进行。《初级汉语阅读教程》中的第一项技能是分词，开始上课时教师可以先让学生回忆自己学汉语的经历，问问他们是否因为汉语书写的特殊性而遇到过困难。学生大都表示遇到过这样的问题。然后再写出一个因为分词不同会造成歧义或错误理解的例子，如"这个人头两天还好好的"让学生读出来。有的学生读"这个人"，有的学生读"这个人头"，读到这里他们自己就会发笑，也就很自然地明白了分词的重要性，从而理解技能训练的重要性。

就理解文章意思而言，读写课上的阅读课文是为了练习语法点复现生词，而在阅读课上阅读文章是为了获取并理解文章中的信息。阅读的目的不同，方法就不同。因此，教师从一开始就要告诉学生，在阅读课上的重点不是语法，而是看完一篇文章后知道"这篇文章告诉了我什么""我可以知道些什么"。

就扩大词汇量而言，在阅读教学中词汇量的扩大主要是靠伴随性习得。教师可以试着让学生回忆一下：自己学会的母语词语是不是每一个都是教师讲过的，学生就会明白，扩大词汇量并不是靠教师一个词一个词地讲，而是在日常生活中慢慢累积的，可能是在看电视的时候，可能是在听音乐的时候，更多的是在看报纸、杂志的阅读中学会的。学习外语也可以用这样的方法来积累词汇，通过阅读来理解生词、记忆生词。教师应指导学生养成课后复习生词的习惯，通过复习可以巩固课堂上学习的生词。

（2）培养学生正确的阅读习惯

学生一开始对字典过分依赖，阅读过程中会纠缠于难点、生词。这样的阅读习惯打断了阅读文章的连贯性，降低了阅读的速度，也破坏了阅读的兴趣。这时教师应提醒学生在阅读课上丢掉字典，保持阅读的连贯，同时要鼓励学生大胆猜测，促使他们学习、运用猜词技能。《初级汉语阅读教程》第一课的阅读就有这样一个句子："世界上有三个朋友是最诚实可靠的——妻子、狗和金钱。"这个句子中，"可靠"是生词，也是练习的考查点。学生看到生词，第一反应是查字典，这时教师问学生："不查字典，你们能不能猜出"可靠"这个词的意思？"学生这样才会去注意这个句子，才会尝试猜测词义。有的学生思考后会说跟"诚实差不多"；有的会说"是'最好的、最有用的'，因为后面说的是妻子、狗和现金"。这都说明学生注意到了生词出现的语境线索，应该先给予肯定。然后教师可以让学生注意"可"和"靠"字的意思，这样又引导学生进行了语素猜词的练习。得到了教师的肯定，学生才会对猜词产生信心，然后才能慢慢丢掉字典。当然，我们说的"丢掉词典"，是说在连续的阅读过程中。在进行猜词和连续的阅读之后，在做完相应的练习之后，如果有时间，如果还有一些关键词没有切实理解意思，应该利用词典或其他方式学习这些词语，验证前面的猜词是否准确，准确率有多高。

另外，还应该培养学生在做阅读练习时，养成先看题目的习惯。带着目的去读，比漫无目的没有重点的阅读，效果要好得多。

（3）消除学生阅读时的焦虑感

学生在面对陌生的课型和学习内容时，容易产生畏难情绪。在初级阶段的学生中，学生对阅读课普遍反映没有自信，对自己的阅读水平不满意，很多学生认为阅读课很难，甚至认为是所有课型中最难的。这样的情绪会影响学生在阅读课上的表现，也会影响学习效果。在教学中教师应该时刻注意学生对不同教学内容的反应，合理安排教学内容，适时调整教学难度及进度。如日韩与欧美学生在阅读时都会产生焦虑感，但表现形式和程度有所不同。应该采用适当的方法降低学生的焦虑感，提高阅读教学效果。在具体的课堂教学中，如果学生比较熟悉课文内容，教师可以安排学生回答问题；如果学生不熟悉课文内容且有较多难点，就需要多一些讲解，少一些提问。如《初级汉语阅读教程》第四课有两篇阅读文章。一篇介绍北京的胡同游，对于在南方学习的留学生来说，内容比较陌生，词汇也比较难。教师可以和学生一起读这篇文章，边读边扫清文字障碍。需要学生猜词时，也可以由教师先提示线索。而另一篇介绍旅游住宿的注意事项，不少学生有这方面的常识，阅读没有太大的困难，教师不宜多讲，可以让学生独立完成。此外，可以让阅读能力强的学生多说说阅读和推测的思路，给其他学生树立榜样。

总之，对初级阶段的学生，教师要尽量多鼓励，帮助他们建立信心。只要学生积极主动地参与学习，就一定能够取得效果。

（二）中级阶段的对外汉语阅读教学实践

1. 中级阶段对外汉语阅读教学的内容

《教学大纲》对中级阅读材料的内容提出了要求：

教学内容主要是阅读各种体裁、题材、风格的文章，文章内容较为广泛，涉及政治、经济、历史、科技等诸多方面。

《教学大纲》对阅读方法和技巧也提出了要求：

教师应适当讲解各种阅读方法和阅读技巧。

就技能训练的具体内容，《课程规范》中进行了具体、详细的说明。下面我们简述《课程规范》对教学内容与教学重点的部分说明：

（1）克服诵读的毛病，养成默读的习惯。

（2）培养学生掌握生字、生词的能力。学生在阅读中遇到的第一个困难是生字、生词关，应通过辨认汉字技巧和汉字构词规律的教学，进而提高阅读速度。

（3）培养学生掌握阅读长句、难句的技能。如用缩略法理解长句、根据关联词语理解复句；根据句子的修辞特点、语义关系、语境理解难句。

（4）培养学生把握段落主旨、概括段落内容的能力。

（5）培养学生掌握理解文章主题思想的能力。通过分析文章标题的教学和寻找文章主题句、主题段的训练，使学生在阅读中能较快地把握文章的中心思想。

（6）介绍与作品有关的基本知识。如作者的生平思想、文章的写作背景。适当讲授一些相关的文体知识、写作技巧及文化知识。

可以看出，《课程规范》对教学内容的要求主要指阅读技能训练方面。结合《教学大纲》对阅读材料内容的要求，中级阅读课的教学内容就更完善了。

我们可以概括上述内容，将中级阅读教学的主要内容叙述为：中级阅读的阅读材料要求内容与形式都要多样化，阅读技能训练需要从字词学习技能，到句子、段落、篇章以致多种文体的理解技能的训练。

2. 中级阶段对外汉语阅读教学的目标

中级阅读的教学目标是要通过阅读技能训练提高学生的阅读理解能力。《教学大纲》指出：

本课程的教学目的是通过训练学生的阅读技能和技巧，提高其阅读理解能力，能够基本读懂一定业务范围内的工作文件，包括信函、契约、合同等，能够阅读一般科普文章和新闻报道，并且有相当的跳跃一般性障碍、查询所需信息、了解内容梗概的能力。

《汉语水平等级标准与语法等级大纲》对中级阅读速度有具体要求：

阅读略加改动、无关键性生词和新语法点、内容及篇幅同课文类似的一般性文章，速度不低于 150 字分，理解准确率为 90% 以上（即理解主要内容和基本细节）。阅读生词不超过 3%、无关键性新语法点的一般性文章和较为复杂的应用文时，速度不低于 120 字分，理解准确率为 80% 以上（即能够理解其主要内容）。能借助工具书阅读大学基础课教材。

中级阅读课为一年时间，而在此之前的初级阅读通常为一个学期。到了中级阶段，学生已经有一定的汉字、词语、句法基础及其相应的字词辨识能力。因此，再经过两个学期字词、句子、段落、篇章理解的技能训练以及不同方式的阅读训练与相应的速度训练，上述目标是不难实现的。

3. 中级阶段对外汉语阅读教学的注意事项

初级阅读教学需要注意的事项，大多在中级阶段也使用，如，进一步让学生了解阅读和精读的区别，阅读的特点、性质、作用等；进一步培养学习者良好的阅读习惯；进一步消除阅读中的焦虑感；等等。除此之外，我们还要强调：突出阅读篇章教学的重点；全面提高学生运用多种阅读技巧的能力和阅读速度；进行适当的文化指导。

（1）注意突出阅读篇章教学的重点

中高级阶段的阅读应该从表层的理解转移到深层的理解，在教学中应适当加大篇章训练的比重，突出篇章教学，既要在技能训练中体现，也要在阅读训练中体现。

因此，在技能训练中，猜词、推论等都应该从句子扩大到篇章，同时，词汇讨论、长句理解等内容的题量可以适当地控制。学生要能够在理解文字意义的基础上，训练归纳、总结的能力，学会判断作者的语气、意图等，阅读理解要从对细节的把握转入对文章整体的理解。阅读训练中的练习题目如果缺乏关于篇章的练习，教师就应通过提问来调节。在中高级阶段，教师可以多问问这样的问题："作者为什么这么说""作者为什么把这几点进行比较""作者对这个问题是什么态度""从这句话我们可以推断出什么""这句话是为了支持什么观点""这句话是反对什么观点"等，鼓励学生从整体上把握文章思想内容。

（2）注意全面提高学生运用多种阅读技巧的能力和阅读速度

中级阶段阅读教学主要任务是通过教学和训练，让学生全面掌握阅读技能，并能熟练地使用。阅读技能很多，为了让学生切实掌握，一般采用由简单到复杂的方式，单项学习让学生一点一点掌握、积累。到了中级阶段后期，则要求学生能综合使用这些技能，不但能在上阅读课时熟练使用，而且能在课外阅读中熟练使用。

阅读水平是否真正提高了，阅读技能是否真正掌握了，一要看阅读理解率是否提高了，二要看阅读速度是否加快了。到了中级阶段，不少学生需要阅读更多的文本，或是为了学习或准备学习某个专业，或是为了从事或准备从事某个职业。而要阅读大量文本，没有阅读速度是不行的。此外，参加汉语水平考试并取得理想成绩，没有阅读速度也是不行的。中级阶段教阅读的教师必须想方设法，在提高学习者阅读理解率的同时，切实提高他们的阅读速度。

（3）注意进行适当的文化指导

阅读不但是语言学习的一种方式，还是学生了解目的语国家社会文化生活的一个窗口。随着学习的深入，在中高级阶段，文化背景知识的缺乏也成了阻碍学生语言进步的重要因素之一。因此，在中高级阅读课上进行适当的文化教学更有必要。

当然，在阅读中引入文化教学也要视文章的性质做具体的调整，不能一味地灌输。比如故事性、趣味性较强的文章，一般是以理解为主，对于其中包含的文化部分，教师只要做大致的介绍，作为理解的背景，不宜讲解得太深。比如《阶梯汉语中级阅读》中的《藏王的使者》一文，涉及松赞干布、文成公主、和亲等历史内容，但这些历史人物和历史问题对本文的阅读理解影响不是太大，教师的讲解就应该简单清晰，点到为止。而在阅读应用性的文章，特别是说明文、新闻时，由于是以抓细节为主，阅读中的文化内容往往被忽视。这样的文章往往比较枯燥，学生如果对介绍的内容不了解，就可能因为陌生感而觉得文章很难，提不起阅读兴趣。这时可以把文化内容的介绍作为调节课堂气氛的一个手段，比如在阅读《安溪

"铁观音》《普洱茶》等文章时，可以向学生介绍中国的名茶"乌龙茶"的传说等内容。在阅读影评、书评、乐评时，向学生介绍中国的流行趋势等等。如果是专门介绍中国文化的文章，则可以以学生为主体，读和说结合，引导他们进行相关的讨论，比如《好民俗不能丢》讨论的是过年的习俗，除了教师的介绍，在阅读前后都可以进行集体讨论，让学生说说自己在中国过的年，感受到的习俗。有时还可以进行适当的扩展，比如《关于日月的神话》，教师除了介绍一些跟日月有关的神话，还可以问问学生对这些神话的看法、理解，或者说说他们自己感兴趣的神话。

需要注意的是，不论哪一类的文章，文化内容的学习都不是主体，同时要考虑学生的兴趣和接受度，教师也不能凭自己的好恶而忽视教学的要求。

（三）高级阶段的对外汉语阅读教学实践

在阅读教学实践中，对于母语为非汉语的学生来说，有许多道门槛。语音、汉字、语法、词汇，一般被认为是有形而可见的门槛；当学生学会了汉语拼音，认识了常用的汉字，明白了基本的语法规则，并且掌握了一定数量的词汇，基本就能跨过这些门槛，较为自由地运用汉语进行日常交流。

但是，当这些学生希望对汉语进入更高一层次的学习及运用时，比如在他们希望阅读思想、文化内涵较深的文章，希望阅读古代文学、哲学著作，希望用中文来表达他们内心的更复杂一些的感受时，往往会发现，自己遇到了新的障碍。具体来说，认识文章中大部分或者所有的汉字，基本没有语法问题，甚至没有太多的古汉语语法问题，几乎明确每一个词的基本词义，但就是弄不明白文章的意思，有的文段全然读不懂，这就是母语为非汉语的学生学汉语时遇到的另一道门槛，相对于先前所遇到的门槛，这一道是无形而难以捕捉的门槛。

事实上，这道门槛不仅存在于学生之中，对于教师也同样存在，而且难度不亚于学生。我们可以将其描述为汉语的跨文化诠释之难，即语言在不同文化、不同思维方式层面上的诠释之难。换言之，即母语为非汉语的学生在掌握汉语基本知识后进入汉语现象世界、精神世界之难。

对于母语为非汉语的学生来说，这意味着要开始学习如何在陌生的汉语文化语境和精神世界中，以汉语思维来理解汉语语汇、语篇中那些显现的、潜在的、字里行间的、意味深长的、欲言又止的信息，以及那些无以言传却又透过语篇表达了的意思。对于教师来说，这意味着要真正开始引导这些来自另一个语言世界的、完成初中级阶段学习的学生，去理解用他们才学习到的还不完全熟悉的汉语所撰写的陌生的现象、陌生的精神世界以及推测其深层的意义。引导他们通过汉语之桥，从自己母语的现象与精神世界中进入汉语的现象与精神世界中，从而真正自如地学习和运用汉语。在这一层面上看，对外汉语教师要想引导学生跨越这一门槛，可通过跨文化诠释的方式。

具体来说，汉语的跨文化诠释至少具有两个层面的含义。

首先，这是一个语言的诠释。借用伽达默尔说明诠释学理论的一句话，可以较贴切地描述为"宣告、口译、阐明和解释的技术"。即在语言教学过程中，对超出字形、语音、语法及基本词义学习之外的语汇语篇意义"阐明和解释的技术"。对于文学作品的阅读教学来说，是在导读的过程中，如何使学生理解语言所表达的表层及深层意义，与说者及作者形成精神交流的问题。

其次，这个"语言的诠释"是不同文化之间的语际诠释。诠释的最终目的是要让以汉语作为第二习得的汉语学习者理解汉文化的思维、思维的表述方式--汉语，以及二者之间的关系；要引导这些习惯于以母语思维的学生，学习用汉语思维来理解汉语，从它们的母语世界进入汉语世界，以求最终突破"语言囚笼"的束缚，自由地运用汉语。

在实际高级阶段的对外汉语阅读教学实践中，可采用以下三种手段。

（1）语码诠释。主要包括对语词的本义、在语篇中基本意义、引申义以及暗含意义的解读，因此已经不是原来意义上的词义解释，或可视为对语词不同层次的、变换角度的解读。对于不同的含义来说，一个语词是不同的语码，它传达出不同的信息，而不同信息共同作用，令读者感悟作者希望表达的感情、意义。

在对外汉语阅读教学实践中，详细诠释词语内涵，引导学生学会在非母语的汉语世界里，透过书写形式的言辞文章，看见其中蕴涵的各种意义。或者说引导学生透过写作者用以表现自身的形式语言来理解他们完整的内心世界。

（2）具体操作上有许多方式。通常用的是以自己的知识、理解、感受将作者的心境、情感、思路还原，向学生描述自己所"见到"的作者将意赋予词时的"原始统一"的精神状况，由此来启发学生与自己一道"兴于微言"，或者说"微言见意"。

（3）对作者思维演示诠释。一种语言作为"一种表达观念的符号系统"，它与另一种语言的最根本区别一定就在于"观念"上，确切地说在于如何形成"观念"上。对于把汉语作为第二语言的学习者来说，他们最后遇到的难题往往能在这里寻求到完全明了的答案。在对外汉语高级阶段的阅读教学实践中对作者思维的演示，可以帮助学生了解不同于他们母语的汉语所表达的观念，从而进一步认识汉语（整体的汉语）、他们所面对的汉语文本（具体的阅读材料）以及汉语的语句为什么是这样的，它们是如何形成的，从而慢慢进入汉语的思维，自由地运用汉语的词汇句子，理解汉语作者语言的形成、思想的来龙去脉。

在高级阶段的对外汉语阅读教学实践中进行思维的演示，至少应包括两个方面，以解读欧阳修的《醉翁亭记》为例说明。

其一，演示"醉翁之意不在酒"，在于山水的因由。

其二，说明在中国人的观念中，山水草木，大自然中的万物与人息息相关，人仅仅是自然中的一分子，在古代中国文人的观念中，山水之乐是最高的智慧。据笔者的体会，这样的演示，能引导学生较快地明了山水的韵味，明白作者的情感，理解作者的遣词用句。

通过分析　我们可以把以上三个手段分别视为语法的诠释、意义的诠释以及精神的诠释。在实际高级阶段对外汉语阅读教学实践中，可把三者相互结合使用。

二、对外汉语阅读教学方法探索

(一) 激活背景知识

背景知识是指读者已有的关于世界的知识，包括语言知识与非语言知识。背景知识在阅读理解中有重要作用，如果一篇文章是你熟悉的内容，尽管有不少生词，你也可以明白文章的主要意思；反之，如果文章介绍的是你完全不熟悉的东西，即使生词并不多，理解也会相对困难。

1. 激活背景知识的方法

针对在对外汉语阅读教学中出现的学生的背景知识能够影响其阅读技能的现象，教师可以适当地组织读前活动，激活学生相关的背景知识或图式，这些活动包括在课堂上激活学生已有知识的活动。具体而言，教师可通过以下几种方法来激活学生的背景知识。

首先，进行读前讨论。即在阅读之前安排读前讨论活动，讨论活动可以由教师提问来引导。通过讨论，使学生有机会了解自己和他人对某个问题的知识。有时学生认为自己对某个话题没有一点背景知识，通过讨论他们才认识到，他们虽然知道得不多，但也还知道一些。比如，让学生阅读一篇文章，题目是："Should civilization thank beer?"（文明该不该感谢啤酒?）教师可以先把题目写在黑板上，问学生题目是什么意思，学生可能说不知道。教师把学生分成小组讨论，得到许多看法：第一组说，这是个比喻，文明的发展和啤酒的酿造一样需要很长时间；第二组说，学校和教育是文明发展的前提，学校和教育又要税收，提高税收的唯一途径是提高啤酒的税收，因此，学校能够发展是因为喝啤酒的人多，政府获得的税收多；第三组从语言发展的角度来考虑，认为啤酒出现之后，人们更喜欢社交，所以语言得到发展。由此看来，学生从题目中就可以获得一些思想。讨论结束之后，让学生浏览文章，看一看哪个观点与文章最接近。实践证明，这种方法对学生很有帮助，学生反映说，根据题目和浏览提出问题之后，引起了寻找答案的动机，因此阅读的动机增强了。这种利用题目激活已有知识的策略，不仅在课堂上使用，还应当鼓励学生在课外阅读中也使用。有的学生可能在课外阅读中不看题目，把文章拿过来就直接读正文，应当教学生一定要读题目。

其次，教师可利用语义地图帮助学生激活背景知识。这类似于大脑风暴法。给学生一个关键词或概念，要求他们说出有关的词和概念。教师将这些词画成语义地图，这个语义地图可以帮助学生把已有概念和新概念联系起来，在阅读之前建立背景知识。例如阅读关于艾滋病的文章，说出与艾滋病有关的词汇，把学生提供的词汇画成语义地图。再次，教师可提出能够引起争论的问题（provocation statement）。这是激活已有知识的另一个方法。在阅读一篇关于只说英语的文章之前，教师可以问学生，如果只能选择一种语言，你认为我们应该选择哪一种？这是一个能够引起争论促使学生思考的问题。如果只问学生，你对此怎么看？教师得到的反应就会非常少。

最后，教师可通过预测课文内容引导学生激活背景知识。例如，对于要阅读的课文，要求学生填写三栏内容：已经知道什么、预测会发生什么、最后发现什么。阅读之前，先让学生通过看题目、图表，写下"已经知道什么"，然后开始阅读第一段，读完第一段与同伴讨论，预测这篇文章会讲什么。最后读完全文，把所发现的信息填入第三栏。

除此之外，还有语言经验法（language experience approach，LEA），即让全班同学都一起经历某项活动。

总而言之，阅读教学好比种花。种花之前要准备肥料，阅读之前要为学生建立背景知识。为了使种子发芽，土壤必须肥沃，土壤越肥沃，花开得越好。阅读教学也如此。如果教师在阅读课上花时间激活学生的背景知识，那么学生的阅读就会获得很好的效果。常见的方法是，让学生在阅读之前进行讨论，根据题目对文章内容进行预测。

2. 激活背景知识的步骤

首先，引导学生理解文章标题。文章题目常常反映了文章的主要内容。比如《中国服装与世界先进水平的差距》《北京的饮食》等。关于服装问题，人人都不陌生。那么，中国服装有什么特点，世界先进水平有什么特点，中国服装与世界先进水平有什么差距，为什么？在讨论了这些问题之后，学生再去看文章就不难理解了。同样《北京的饮食》这个题目也很清楚地反映了文章要谈的相关内容。即使没有到过北京的同学也很想知道北京的饮食有什么特点，去北京应该吃什么，这都是学生容易产生联想的事物。

其次，通过提问激活读者的背景知识。有的阅读文章没有给出标题，或者标题不直接反映文章的内容。这时，教师可以通过提问的方式，激活读者的相关知识。如《阶梯汉语·中级阅读2》第9课中的《诺贝尔盛宴》，教师可以先问学生对诺贝尔奖了解多少，再问学生"盛宴"是什么意思。学生明白了这两点，然后再来看课文就比较容易有成就感。值得注意的是，这种背景知识的激活一定要简单直接，能用一个词就不要用一个句子。

再次，提供一些简单的背景知识。如果学生缺乏相关的背景知识，教师就有义务想方设法简明地介绍文章涉及的背景知识，让学生产生一些相关的联想。比如，《阶梯汉语·中级阅读2》第6课的四篇阅读分别为《太子丹和荆轲》《荆轲和樊於期》《荆轲见秦王》《荆轲刺秦王》，看这些题目时留学生很难推测误文的相关内容，因此，教师应对中国历史中的"荆轲刺秦王"有一个简单的介绍，让学生可以联想到故事中可能出现的情节，这样来看课文就容易理解了。

最后，培养学生主动联系已有知识的习惯。"教"的目的是"不教"。教师要时常提醒学生主动联系自己已有的知识，让他们养成自动联想、自动将已有知识和在读文章内容联系起来的习惯，以降低阅读内容的难度。

在激活背景知识时需要注意，阅读时作者的观点并不一定与我们个人已有的相关认识一致，因此，阅读除了预测，还要不断验证在读文章的观点是否与自己的预测一致，从而理解作者所表达的意义，万万不可以用自己的认识去代替作者的观点。

（二）提高阅读的流畅性

1. 提高阅读流畅性的方法

当我们翻开阅读课教材，想了解如何在课堂上培养学生的阅读速度时，我们感到非常失望。最常见的做法是"请尽可能快地阅读下列短文"。作为教师，仅从我们的学习经验和教学经验来看，我们不能同意这就是提高第二语言学习者阅读流畅性的方法。

选择提高阅读流畅性的方法，要考虑学生的水平。

对于初级和中级水平的学生来说，提高阅读速度的步骤要小些，要从最初级的水平开始建立自动化。

（1）组块划分

当学生完成了阅读和寻找关键词的练习之后，我们用100字的短文进行组块练习，即在短文中给语言组块画线，寻找自然的语言组块。然后看一看学生在组块划分上的差异，和学生一起讨论，什么是自然的语言组块，阅读水平和语言流利性对组块划分有什么影响。

第二语言学习者常常一个词一个词地阅读，而流利的读者在阅读时进行自动组块。这些活动可以帮助学生练习组块过程，也为教师和学生提供了讨论的机会，可以讨论组块在阅读中的重要性，讨论组块如何提高阅读速度和促进理解。

（2）快速识别法

最初可以采取快速识别法。以英语作为第二语言为例，可以采用快速字母识别法。

（3）帮助学生摆脱手指或笔的引导依赖

提高阅读速度的另一项练习方法是帮助学生摆脱对手指、铅笔作为阅读指引的依赖。有的学生告诉教师，如果他们阅读时不用手指或笔来指引，他们会感到很失落。单词是海洋，他们的笔起到灯塔的作用。可以让学生练习将笔移到行尾，读完一行后把笔直接移到下一行行尾。学生练习一次阅读一行。下一步是练习将笔移到段落结束处。现在，在学生视线内的是一个段落，学生仍然会感到很舒服，在文字海洋中不会感到失落。当他们这样做感到比较自信时，他们的阅读速度就会增加。最后一步是将笔移到一页的最后一行。

（4）计时阅读

当学生练习了组块划分，懂得组块式阅读如何促进理解和流畅性之后，我们就可以给他们进行计时的快速阅读。有的研究者建议选择学生课程材料的内容作为快速阅读材料。教师要将固定速度和自由速度两种方法结合起来。

还可以采用重复阅读的方法。先让学生跳读，寻找段落的大意；然后让学生浏览，寻找 3~4 个细节；最后进行计时的快速阅读。让学生讨论一下，经过跳读和浏览之后阅读速度和理解是否有所提高。

2. 流畅阅读的最佳速度

关于最优阅读速度的研究结果不一致。有的作者（HigginsWallace，1989）认为每分钟 180 个词是熟练和不熟练阅读之间的一个阈限，低于这个速度的阅读不利于有效地理解和享受阅读的乐趣。杜宾比西纳（Dubin-Bycina）认为每分钟 200 个词是充分理解所需的最低阅读速度。詹森（Jensen）提出，第二语言读者为了赶上同班同学，应当达到与母语者接近的阅读速度和理解率。她认为每分钟 300 个词是最优的速度。纳塔利（Nuttalli）认为，一般教育水平和智力水平的英语母语者，阅读速度大约是每分钟 300 个词。第一语言读者的阅读速度差别很大，为每分钟 800~1000 个词。

安德森（Anderson，1999）根据文献对适当阅读速度的研究，提出课堂教学以每分钟 200 个词为目标比较好。这是一个合理的目标，学生不会感到太难。

3. 提高阅读流畅性的训练

（1）运用计算机软件进行阅读流畅性训练

进行阅读流畅性训练实质上就是进行阅读速度训练。阅读教师可以利用计算机软件来进行阅读速度训练。Hyperbole Software（双曲线软件）制作的软件 New Reader，包括两部分速度练习：限时阅读和限速阅读。它的最大优点是，教师能够扫入自己的课文，让学生练习使用自己的课文材料。在限时阅读练习中，计算机可以检查读者的正常阅读速度。

在限速阅读练习中，计算机可以以每分钟 10～500 个词的速度显示课文。教师的实际教学表明，让学生重新使用 Reader5 是一种成功的练习活动。学生喜欢有机会在计算机上逐渐提高阅读速度。

总之，在好的阅读技能的发展中，自动化起一个非常关键的作用。这个观点基于笔者个人的阅读经验和对学生阅读的观察。当阅读速度比较自动化时，读者才能运用他的认知技能理解阅读材料，才能花时间思考、分析、综合阅读材料，而不是一个词一个词地阅读。读者应该使用自动化技能完成任务，也不应该思考他正在做的每一步。好的读者完成阅读任务，就像在晴朗的天气下从学校开车回家那样。阅读的乐趣就在于拿起一本书，轻松地阅读理解。

（2）在课堂中进行阅读流畅性训练

在 20 世纪 60 年代和 70 年代，有四位重要的快速阅读教学方法的专家。哈里斯（Harris，1966）在英语作为第二语言学生的阅读提高练习中，提供了单词识别练习、词汇培养练习、限时阅读材料的选择、浏览练习、跳读练习，告诉学生尽可能快地阅读段落。普拉斯特（Plaister，1968）提出利用节拍器提高阅读速度，目标是一行只有一个注视点。塞利格（Seliger，1972）提出预览、扫描、有目标地阅读，利用手指作为测步器以减少回视。赖利（Riley，1975）提出了一个"分阶段阅读"的方法，这个方法类 Plaister3 似的方法，提倡教学生通过单元阅读来扩大视距。要教学生注视中央的想象的垂直线，利用视距来阅读材料。她还提倡利用阅读机器来帮助读者确定速度。这些提高阅读速度的练习在她的班上很有效。

心理语言学研究表明，增加视距不是问题的关键，关键在于提高单词识别的效率。格拉贝（Grabe，1991）回顾了眼动研究，认为在阅读中80%的实词和 40%的虚词得到直接注视。尽管这些活动有助于发展阅读技能，但是学生没有从这些方法中学会明显提高阅读速度。下面几种方法可以在第二语言阅读课上用来提高学生的阅读速度。这些活动不需要教师准备特别的练习材料，也不需要特别的教具。阅读课上使用的课文就可以用来练习提高阅读速度，学生自己选择的阅读材料也可以带入课堂来练习提高速度。

在阅读课中，学生需要完成相当数量的阅读理解任务。如果总是采用个人独立阅读，学生很容易疲劳；同学之间的互动和互助也很难出现。而同伴阅读可以弥补上述不足。它一方面可以弥补个人知识的不足，达到相互学习的目的；另一方面还可以在交流中产生学习的乐趣，提高学生的阅读兴趣。

安德森（Anderson，1999）认为学生的阅读速度应该达到每分钟200个词。有的人会提出，随着阅读材料的难度水平和学生的兴趣水平不同，阅读速度应该有所不同。但是他认为，只有当学生的阅读速度到达某个阈限水平后，才能考虑这个问题，而这个阈限就是每分钟200个词。

在我们努力帮助学生提高阅读速度的时候，教师常常以牺牲速度为代价来强调准确程度。过分强调准确度，速度就受到限制。教师必须在阅读速度和阅读理解之间找到平衡，在有的阅读速度练习中，教师可能需要更加强调速度而不是理解。

（三）培养阅读理解能力

培养学生的阅读理解技能就像种花一样，一需要时间和耐心，不能拔苗助长，二需要给学生提供良好的环境。具体而言，教师可从以下几方面入手来培养学生的阅读理解能力。

首先，从教阅读理解和进行测查阅读理解入手，培养学生的阅读理解技能。在阅读课上教师常常要求学生做多重选择题。但是教阅读理解不等于教如何做多重选择题，多重选择题只是用来测查学生阅读理解的。教师应当考虑怎样教阅读理解。成功的阅读理解，需要激活背景知识和监控理解。读者的需要和目的、读者的背景知识决定了阅读理解。当读者阅读他们想读的材料时，阅读理解最可能出现（Eskey，1986）。

其次，从发展学生的元认知意识入手发展学生的阅读理解技能。第二语言学习者元认知技能的发展，与理解策略的教学密切相关。认知就是思考，元认知就是对思考的思考。为了达到理解，读者必须监控自己的理解过程，掌握理解的策略。第一和第二语言研究者都进行了策略训练实验，目的是探讨策略训练是否促进理解。教师要教学生学会监控阅读理解，对自己正在进行的阅读过程有一种意识。

总之，意义不是躺在课文里。意义的获得，需要读者将个人背景知识、阅读目的、阅读策略与课文相结合。教师要促进学生的阅读理解，就要教学生进行这种结合。

最后，从精读和泛读入手，培养学生的阅读理解能力。

与阅读理解技能的教学有关的另一个问题是，精读与泛读之间的关系。

精读是利用一篇课文来尽可能发展理解技能，所有活动都围绕着如何教读者掌握必需的理解技能，这些技能将来能够迁移到课外阅读中去。泛读要求阅读大量文本达到一般理解即可，通常结合其他活动进行，泛读只是学习目的的一部分。例如，读者阅读大量的材料后，或者要准备一篇论文，论文要比较关于某个问题的不同观点；或者要准备演讲，以说服别人同意他们的观点。所以有人认为，对于精读来说，课文本身就是目的，对于泛读来说，它是达到目的的一个手段。1998 年，Day&BamfordE 提出观点，认为成功的泛读课有以下 10 个特征。

第一，阅读本身就是一种奖赏。阅读之后没有或只有很少练习。

第二，学生选择自己想读的材料，如果他们不感兴趣，可以停止阅读。

第三，教师是学生阅读的榜样。他是课堂阅读活动的积极成员，向学生演示什么是读者、阅读的乐趣在哪儿。

第四，学生的阅读量尽可能大，包括课内阅读和课外阅读。

第五，教师引导学生达到课程的目标，解释阅读的方法，了解学生所阅读的材料。

第六，阅读是个人行为，是默读。学生有自己的阅读速度。

第七，阅读材料的词汇、语法在学生掌握的范围内。阅读时很少使用字典，因为停下来查字典会使流利阅读变得困难。

第八，阅读的目的可以是一般理解、获得信息或消遣，这是由材料的性质和学生的兴趣决定的。

第九，阅读容易理解的材料时速度比较快。

第十，阅读的题材、方法和原因多种多样。鼓励学生采用多种方法阅读，鼓励学生出于各种原因阅读。

有研究者提出，好的读者泛读做得比精读多。但是之所以成为好的读者，是因为他通过精读掌握了阅读技能和策略，并把它们迁移到泛读情境中去。作为阅读教师，我们要考虑学生从事的精读活动和泛读活动的比率，了解我们是否为这两种阅读提供了机会。

（四）激发阅读动机

人为什么阅读？这个问题对于编写阅读材料是非常重要的。总的来说，阅读的原因有两个方面：获得信息、娱乐消遣。前者是为了获得新的信息、增加知识，后者是为了放松、享受读书的乐趣。无论什么原因，读者都需要理解阅读的材料。如果材料能够满足他们的阅读需要，阅读动机就会比较强。

动机对阅读的影响是非常大的。如果一个人不想阅读，他就不会去阅读。教师首先应当了解学生的兴趣，选择学生感兴趣的材料。其次选择阅读材料要考虑学生的水平，不要太难也不要太容易。太难容易使学生受挫、放弃；太容易会使学生感到单调、没意思。材料一定要有挑战性。让学生记阅读日记，看到自己在阅读速度和理解上的进步，这本身就会激励学生去阅读。

（五）增大学生的词汇量

词是语言中能够独立运用的最小的音义结合体，是语言的建筑单位。书面语的理解必须建立在对词义的理解之上。词汇量在阅读理解中的重要作用，是众所周知的。有的时候，就是因为不认识几个关键词，阅读就无法顺利进行。因此，词汇积累一直是阅读学习的一个重要内容，阅读与词汇学习是相辅相成的：为了阅读顺利而学习词汇，通过阅读扩大词汇量。

词汇发展是第二语言阅读的关键部分之一。如果说阅读理解是火焰，那么词汇就是燃料。学生阅读故事性文章通常有两种情况：一是每个生词都查字典。这种学生占多数。经常使用字典的学生认为，不查字典就不懂得课文的全部意义，就不是学习。二是不查字典，急着通过图画、猜测来理解文本，目的是在课堂上完成作业，不留到课后。这类学生认为，每个生词都查字典太浪费时间，因为有的词不常见，可能再也不会遇到它，而且不需要认识该词也能猜出故事的意思。本书认为，可以把这两类学生的观点结合起来，设计一些策略（方法），以便帮助过多使用词典的学生少一些使用词典，直觉猜测者多学一点准确的词汇知识和文本意义。教师应该告诉学生，不仅可以在阅读课上使用这些策略，还可以在自己的专业课上使用。在阅读课上，还可以选用学生所学专业方面的文章，例如历史、经贸等，使学生有更强的动机和目的去增加词汇。

具体而言，教师可采用以下两种方法来增大学生的词汇量：

1. 给学生布置一个丰富的阅读环境

例如，在教室的墙上贴上挂图，在教室里放很多书、杂志、报纸、菜谱、电话号码本等阅读材料，鼓励学生泛读。

学生常见的问题是："我认识的词很少，我做不了阅读。"所以，在一开始就应该告诉学生，获得大量词汇最成功的途径是泛读，既包括课堂上的阅读，也包括课外阅读，既包括完成作业所需的阅读，也包括没有作业的阅读，还有消遣性阅读和获得信息的阅读。为了促使学生泛读，教师可以要求学生记录两种词：与完成作业有关的词，与个人阅读有关的词。

2. 在课堂上运用多种方法增加学生的词汇量

（1）采用大脑风暴法，用语义地图来表示相关词汇。这既可以激活有关的背景知识，也可以使教师了解学生在某个领域的背景知识如何、是否熟悉阅读的话题、单词量是多少才合适。不仅故事阅读可以这样做，专业阅读也可以这样做。

（2）通过口头讨论增加学生的词汇量。口头讨论可以促进阅读理解，可以降低学生面对新材料时的焦虑水平，特别是阅读生物学等自然科学领域的材料时。在这个阶段教师是参与者，教师也给语义地图提供单词，补充课文的关键词。一开始学生可能不太清楚文章的主题，当教师要求学生解释单词之间的联系时，文章的主题就清楚了。

（3）让学生把关键词记录在个人词典中。每一课的关键词一般控制在10个之内，课文的句子自己的定义自己的句子关键词之外的词，即"扔掉的词"，记录在学生的"词汇表"中，可以在以后的阅读活动中应用。课外泛读的单词也可以加在这个词汇表中。这是学生自己的学习笔记，可以记录任何信息，例如解释、母语翻译、自己造的句子等。

（4）培养学生已知词汇再认的流利性。利用"扔掉的单词"的活动之一是单词识别练习。单词识别练习可以包括：关键词、扔掉的词和高频词。练习的形式如下：第一栏为关键词，后面的词为1个关键词和4个干扰词。

然后给学生40秒，让他们把干扰词中的关键词圈出来。这种练习方式可以促进单词再认和流利阅读，也可以用来练习同义词、反义词、前缀、后缀、词根等。

上述方法强调关键词的理解，不太强调次要词的理解。只要学生花时间去泛读，那么阅读量增加的结果就是词汇量增加。

第七章

对外汉语写作课教学

第一节 写作课教学的基本认识

本节主要说明两个层面的问题，其一是学界如何对写作课教学进行定位？写作课教学属于怎样一种教学？写作课教学要达到的目标是什么？写作课存在价值在哪里？其二是写作课教学过程中需要把握的原则：写作课教学应遵哪些基本规律？写作课教学又有怎样一些特殊性？

一、写作课教学的基本定位

从性质上讲，写作课教学属于书面语表达的教学，其中有两个较为显的特点：

第一，作为课型的写作课不同于书写的概念。写作属于语言的输出，有赖于语言输入在一定量上的积累，汉字的书写、词汇层面的造句和言语的正确使用等层面可以看作写作储备阶段，这些语言材料和知识的储备是开设写作课的基础条件，它们同属于写作课教学的基本训练。

第二，对外汉语写作课体现了第二语言教学的特点，它有别于汉语作母语的写作教学。思维过程和语言表达是两个不同层面的问题。思维可是多层次、多角度的，可以具有跳跃性，但语言表达的重要作用是交际，它必须遵循一定的规则，具有线性的表层形式。从思维到书面表达需要一个转化过程。同母语写作者相比，外国学生写作中的偏误有一些特殊表现。

比如，想写却写不出来，常采用较易驾驭的个别句式，显得语言单调，复达不生动，缺乏句式变换等。又如，思维与表达之间产生错位，当关注点分散在几个不同层面时，则语言的正确率下降，出现表意不清，歧义问题。再如，写作缺乏完整性，语段之间缺少衔接，语篇结构混乱等。

陈贤纯把话语形成的心理过程分为两个阶段，"第一个阶段是从话语发展到命题树，即深层结构；第二个阶段是从命题树（深层结构）转表层形式"。[①] 审题与谋篇布局这些都是作为母语写作教学的重心，属于第一阶段的心理过程，较之于此，对外汉语写作课教学应帮助完成第一阶段的激活过程，并将重点放在第二阶段的转换过程上。

写作课教学的目标可以分为长远目标和直接目标。

根据《国际汉语能力标准》，汉语能力分为口头交际能力和书面交际能力。外国学生的写作能力属于书面交际能力之下的书面表达能力，写作根本目的是培养外国学生书面表达能力。书面表达能力不仅涉及本身，还涉及目的语思维能力的培养，这是写作课教学的宏观目标，长远目标。

从可操作性上看，写作课的直接目标是培养学生的语篇表达能力。学语言输出是对词和语法的应用，正如罗青松提出的，写作课应该将语，将完整的语篇表达作为教学目标。[②]

写作课教学的重要性表现在，它体现了语言技能平衡发展的需要。听、说、读、写四项基本技能需要均衡发展，否则学生在达到一定水平之

---

① 陈贤纯：《对外汉语教学写作课初探》，《语言教学与研究》2003 年第 5 期，第 61 页．

② 李晓琪主编：《对外汉语阅读与写作教学研究》，商务印书馆 2006 年版，第 215 页．

后，就会遇到发展瓶颈。教师在教学中会发现，有的外国学生口语表达能力很强，但写作能力却较弱。这是因为，书面表达与口语表达在特点上有较大差异，学生口语表达并不能自然转换为写作能力。对外汉语写作课教学关注从深层到表层形式的转化，其中涉及语境、语体等，学生的写作成果综合反映语言知识在语用层面的掌握程度。因此，写作能力的发展是衡量语言综合能力的重要指标。

写作课教学的基本定位是基于各种理论和实践的研究成果所形成的，符合教学基本规律，对教学原则的把握具有指导意义。

二、写作课教学的基本原则

（一）循序渐进的原则

写作课教学需要遵循语言学习的基本规律，即循序渐进的原则。其中包括三个不同的层面。

一是教学内容的循序渐进。学生从组词成句，到组句成段，再扩展到成一篇完整的文章需要逐步积累才能实现，每一阶段的教学都是后续教学的坚实基础。从语段写作逐步向语篇过渡，是由不同阶段写作课教学的关键点不同所决定的。

二是写作文本安排的循序渐进。不同文体在教学进程中的安排是不平衡的。比如：外国学生最先接触的文体大多是记叙文，无论从其他技能教学的影响来看，还是从外国学生的熟悉度而言，记叙文写作都是写作课教学的重要部分之一。说明文由于具有较为稳定的结构和套路，语言表达方式具有特殊要求，因此，虽然在初学过程中需要理清部分语法和词汇意义，当外国学生掌握之后，也相对容易。议论文需要外国学生运用语言表达自己对某个问题的看法和观点，语言表达能力的高低影响论述的充分性。而且与学生词汇量储备有关，还涉及话语动机到命题结构的逻辑思维过程，就是写作心理过程的第一阶段。另外，议论文的写作还需要与其他文体写作有较大的区分度。综合几个方面的因素我们认为，议论文的写作是高级阶段训练的重点之一。另外，一些具有专业性质的写作，如科技类文章、学术类文章，因文章用途的专业性较强，难度相对较大，应放在写作课教学的高级阶段，或单独设课进行教学。

三是教学环节与方法的循序渐进。维果斯基①认为，写作不只是对口言语的复制，而是一种独一无二的言语功能。儿童的口头言语的动机比成年人言语动机出现在更早阶段。汉语作为第二语言学习者多为成年人，已具有一定的知识和经验储备，写作课教学的其中一个重要任务就是激活学生头脑中的各类经验图式，发挥脚手架的作用，以帮助学生完成思维到语言的转化。因此，从教学预热阶段到写作阶段是一个渐进过程。

循序渐进的教学原则体现了教学安排的理念，而下面的实用性原则主要体现的是教学安排在具体实施过程中操作的具体要求。

（二）实用性原则

实用性原则体现在教学的目标上，同时也体现在课堂教学的操作过程中。从教学目标而言，如果说初级阶段的写作大多出于语言本身应用的准确性要求，那么中高级阶段的写作目标就体现了较强的专业性质，如通知、启事类写作，论文写作，文案写作等。写作课应根据学生的背景和现实情况选择学生需要的教学内容。例如，引导学生思考怎样使求职信和个人简历看起来更具有竞争力，学生在学习求职信和个人简历的写作之后能够直接运用在生活中。再如，攻读学位的学生更关注如何使用学术性表达完成论文的写作。从这个角度而言，教师对写作教学内容的统筹计划是帮助学生解决实际问题和困难的重要途径。

同时，教师在课堂上的操作也需要体现实用性。包括对教学内容的处理、对教学重心的安排等。例如，在学习了"由此看来……"这一语法点以后，教师要求在课堂写作过程中学生运用所学的语法知识，表述个体阐释的内容，从而使学生清楚地意识到语法知识的语义语用价值，减少偏误出现的概率。再如，教师为了增强课堂写作的实践性，需要尽量使写作内

---

① ［美］Margaret E. Gredler《学习与教学——从理论到实践》，张奇等译，中国轻工业出版社2007年版，第282页.

容具有直观性，减少学生在写作过程中第一个心理阶段的思考时间，以便关注点直接放在对外汉语教学的焦点——语言表达方面，使两个心理阶段的任务有清楚的界限，也使学生在写作过程中有的放矢。

实用性体现了在目标先行的基础上对教学内容和过程的调控，而写作课教学还必须兼顾到课堂教学的两大特点，即师生之间的互动性和各项技能教学在该课型中的融合程度。

（三）互动性原则

写作从某种角度而言属于个体行为，但作为一种课型的写作课教学，体现了课堂教学的特点。写作课的性质和目的决定了写作过程除了学生个体的参与以外，还需要一些群体性因素出现，以便帮助学生激活写作动机，实现写作水平的提高。

写作课上的互动指的是教师与学生之间的互动以及学生与学生之间的互动。教师与学生之间互动的主要作用在于，教师在预测到写作课教学点的基础上，能够引导学生扫除一些语言障碍，减轻学生的写作焦虑，同时，课堂上教师与个别学生之间的互动也能够为其他学生的写作提供一些启示。另外，师生之间的互动还体现在教师对学生作业的评价和反馈中。课堂教学的时间是有限的，教师从评语和作文修改的过程中将互动形式转化为与每个学生之间的交流。

学生之间的互动就有了讨论的基本主题；而个人体验和头脑中知识空间的不同又决定了彼此之间存在一些信息差，这些信息差就是互动过程中话语动机的重要来源。学生能够围绕某一确定的主题，通过小组讨论的形式，在互动过程中通过一些提问、证实、复述等一系列方式进行意义的体验，帮助他们将某个话语动机发展成为丰富的命题树，在互动的过程中使写作思路更加清晰，同时发现并解决一些问题和偏差，以便使写作过程更加顺畅。

师生互动和生生互动之间往往是一个复杂的话语链，这是写作课堂中的必要环节，也是实现写作课教学目标的有效途径之一，它使得写作课教学的任务更加突出，同时也体现了写作在课堂教学中的另一特性——对

"听、说、读、写"四项技能的兼顾。

（四）技能兼顾的原则

写作教学的材料选取和教学方法有多种不同的表现，这些形式都是为了提高教学效果，达到教学目标，特别是写作水平的提高有赖于语言输入和口语输出在一定量上的积累，因此，写作课堂的教学应该将"听、说、读、写"四项技能相结合，并共同作用于课堂教学。例如，"听后写""读后写"等属于教学的一些基础方法。同时，师生互动和生生互动也为"说"与"写"的结合提供了良好的机会。

总之，写作课堂的教学原则是始终围绕教学目标所作出的一些判断和调整，它为教学目标服务，同时也体现在各类教学理念和操作过程中，形成了一些成熟的具有鲜明特点的写作课教学模式，这些模式的实践增强了教学的操作性，也使写作课教学获得了一些可遵循的依据。

第二节 写作课教学的要点

对外汉语写作课的重难点在不同阶段有不同表现，从初级阶段向中级阶段过渡（以下简称"初中级阶段"）的写作课教学常常与综合课教学不可分，其重难点在于对语段内部的词汇或语法的正确使用上。从中级阶段向高级阶段过渡（以下简称"中高级阶段"）的写作课教学要帮助学生建立起语段结构的概念，培养语段意识。高级阶段的写作课教学所涉及的内容既包括对篇章的关注，也包括对各类写作文体的掌握。

一、初中级阶段

初中级阶段的写作课是写作的基础阶段，该阶段学生的关注点仍然在于语段内部词汇的意义和语法的正确用法等较为具体的层面，因此写作课教学是自下而上进行的。教师主要帮助学生了解词汇、语法的语用环境并帮助学生建立"写"的意识。

写作课教学的词汇、语法教学有别于综合课，综合误的词汇、语法教学是核心，而写作课教学的词汇、语法教学是基于语段之内的教学，是培养学生写作意识的重要手段。因此，出于此目的，词汇、语法教学需要显示其"关联性"。

初级阶段从单句到复句、句群的过渡性训练也很重要。比如，初级学生的作文往往是单句的罗列："我妹妹唱歌唱得很好。我妹妹跳舞跳得不错。"要让学生练习过渡："我妹妹不但唱歌唱得很好，跳舞也跳得不错"。这种练习过渡使学生既练习了关联词语，也练习了主语省略（中文的特点）。这样的训练都可在课堂上进行。

在语法教学方面，教师可以给学生一些句子，并让学生在合适的位置加上关联词语，使句子的意思更加清晰。例如：

①明天的会很重要，你来还是不来，你给我打个电话。

②这次旅行遇到很多困难，这完全没有影响我们的心情。

③在很多国家安乐死是不允许的，家人同意，医院的医生不同意。

对于初中级阶段的学生而言，语言知识仍然是学习的重中之重，因此其关注焦点还不足以自如地运用所学词汇和语法进行更高层级（复杂语段、语篇）的创作。在此阶段，教师需要帮助学生在语段之内，从对词汇、语法本身的关注逐步转变为对词与词、句与句之间内在互动性的关注，培养其写作能力。

二、中高级阶段

中高级阶段的学生已经在词汇量方面有了一定的积累，对汉语的认识也相对更为深入。因此，该阶段的写作课教学重难点主要在于学生对完整和复杂语段的表达。

学生对语段的构成需要有整体意识：语段的中心句往往出现的位置，语段的总结性语言标记有哪些？这些问题可通过相关练习得到明确。比如，组句成段的练习。给学生几句话，让学生对这几个句子重新排序，使句子组成的语段更加顺畅。

A. 尤其是很多年轻人，比父母的消费意识更超前。

B. 他们更愿意享受现在的生活，抓住当下的机会。

C. 现在生活条件改变了，人们的消费观念也发生了变化。

D. 他们不愿意把钱存在银行里。

又如，这一阶段对关联词的练习不再仅限于一组，可以给学生一段去掉关联词的内容，请学生在认为需要的地方加上所需关联词。这时，关联词的选择必须依靠对语段整体的认识。

再如，让学生根据图片的内容简单描述一段完整的小故事；根据篇幅较长的语言材料，提炼并缩写其中的核心观点，形成一段较为连贯的内容。

中高级阶段的写作课训练从方法上可以有多种尝试，但该阶段与初中阶段相比，语段意识是写作训练的中心。

三、高级阶段

高级阶段写作课教学目标要求学生对篇章内在结构有较完整的概念，同时对不同文体、不同题材的内容有较好的驾驭能力。这一阶段写作课教学的考核标准体现了教师对重难点的把握，其中包括：

（1）学生是否能够完整地叙述一件事情？

（2）学生能否在文章中同时处理好几件较为复杂事件的关系和顺序？

（3）学生能否抓住某一中心内容，从几个不同的角度阐述与此相关的问题？

（4）学生在文章中能否自然地进行语段过渡？

（5）学生能否辨别记叙文、议论文、说明文等不同文体的写作方式？能否掌握几种文体的写作方法和特点？

（6）学生能否掌握一些具体的写作技巧？

从篇章结构看，高级阶段的训练重难点在于篇章结构的完整性、衔接过渡的合理性等。比如，教师可以提供一些自然过渡的范例，使学生接触丰富的、不同角度的过渡性语言：

从第一件事情怎么写到第二件事情？

A. 还有一次……

B. 我们去长城的时候……

C. 在…（地方）……的时候

D. 行程的第二天，我们……

E. 在这几天的旅行中，让我最难忘的是……

F. 旅行中，有快乐，也有辛苦……

教师还可以在学生作业修改阶段通过提问的方式让学生特别关注篇章结构的必备因素：

（1）你的文章是怎样开始和结尾的？

（2）你文章的主题是什么？

（3）你的内容分为几段？

（4）你想写的都写在文章里了吗？有没有多余的句子？

从写作文体、题材看，学生需要了解针对不同题材、不同文体在语言方面的特色，例如，提供范例，使学生分辨记叙文和议论文的不同之处。同时，针对某一类写作题材或文体，还须明确其写作特点。例如：

（1）写人物的时候主要写哪些内容？

（2）写几件不同事情的时候，哪些要详写？哪些要略写？

可以让学生通过讨论的方式，集思广益，把写作原则具体化，清晰化。从具体写作技巧看，教师通过教授一些具体可行的写作技巧，可以帮助学生增添文章的美感，同时避免一些写作误区。例如：

（1）使用比喻或者拟人等修辞手段来增加文章的吸引力。

（2）使用成语来概括复杂的意义。

（3）减少重复性语言的使用，控制并整合写作语言。

（4）合理安排写作重心，避免事无巨细

另外，要通过一些书面语表达，训练学生将口语和书面语区别开来。尤其是一些专业性较强的表达方式，如学术性的表达。教师需要结合词汇的意义将语法的常用格式展示给学生，以便减轻学生的记忆和理解负担。

高级阶段的写作课教学是一个写作宏观意识的培养过程，也是写作语言更加丰富化和精细化的过程。

第三节　写作课教学的方法

写作课教学主要分为三个重要的阶段，分别是：写前阶段、写作阶段和教师反馈阶段。

一、写前阶段

从写前阶段讲，每个国家的写作格式都有所不同，因此，在正式进入教学内容以前，需要首先向学生介绍中文写作格式及规范，包括文章题目位置、段首空两格、标点符号的正确使用等。写前阶段的主要目的有两个：一是激发学生的活动动机，帮助学生将写作话题在头脑中扩展为完整的命题树；二是激活学生头脑中已有的汉语知识，并鼓励学生尝试将新学的词汇、语法内容运用于写作过程中。写作课教学的主要方法包括如下几种：

（一）启发

学生在接触到一个新的写作题目时，例如《一件难忘的事》，必须首先考虑如何将自己的经历与题目内容相结合，需要回忆与个人情感有关的体验和事件，然后才能调动头脑中所有与汉语有关的知识，并尽力使语言与思想相匹配。因此，在课堂写作过程中，启发学生围绕主题进行有关内容的思考和问题的讨论是必要的。

教师可以设计一些问题，为学生提供课堂讨论时间进行充分发掘，使这些问题的讨论成果作为可供选取的写作材料。

例如，学习《身在异乡》① 这一课，可以先从解题的环节开始，引导学生欣赏王维的著名诗句"独在异乡为异客，每逢佳节倍思亲"，引起学生的共鸣，从而产生写作表达的欲望。

问题和讨论的角度并非唯一的，因此，学生在讨论中，会逐渐筛选并聚焦于自己感兴趣的那部分体验，将其转化为写作动机，并逐步进入到写作的具体操作阶段。

启发教学的目的是帮助学生利用汉语表达个体思想。因此，教学视角必须具有一定的开放性、包容性。同时，教师的作用还体现在适时引导方面。

（二）引导

引导过程中的具体方法有很多，写作内容方面的引导主要为了帮助学生进行恰当的写作规划。比如：在阅读《第一次坐飞机》② 的文章之后，教师可以先让学生找到一些描写心情的词语。

语言方面的引导主要让学生学会观察别人的语言，并从这些语言表达中找到一些内在规律和联系。比如，让学生说出表达"难忘"的感情时使用的句式和词汇，其中包括：

（1）……给我留下了深刻的记忆。

（2）……让我无法忘记/是我无法忘记的。

（3）……成为一次美好/难忘的回忆。

（4）……，其中最让我记忆犹新的是，……

这类训练有两个好处，一是能够帮助学生储备更多的表达形式而在合适的时候选择恰当的表达方式（如常用于文章的开头还是结尾）；二是文章需要重复提及某一词汇或事件时，可以变换不同的形式，避免语言乏味。

---

① 陈作宏主编：《体验汉语写作教程（高级1）》，高等教育出版社2006年，第41-49.

② 陈作宏主编：《体验汉语写作教程（高级1）》，高等教育出版社2006年版，第5页.

除了语言表达的微观训练以外，还可以从篇章的宏观结构上引导学生对范文的语言加以关注。比如阅读了《访德二三事》① 这篇文章以后，教师可以让学生从文章结构的角度找到文章语言的特点。

学生们在写作中常常因为语言的表达无法完全达到观点陈述的要求，影响文章结构的完整性和条理的清晰性，因此，需要教师在语言方面提供一些范例及可供使用的连接篇章、段落的语言标记，以便培养学生篇章和结构意识。

语言的引导还体现在师生对偏误的关注上，教师可以选取一些学生经常遇到的偏误句让学生进行检查和修改。

学生会从修改段落的过程中逐渐培养自己语言的监控和调整能力，从单一的语言形式发展到丰富的语言形式，从关注句子到关注段落和篇章的语言表达。

无论是写作课教学内容的引导，还是写作语言的引导，都与一定写作材料的展示相结合，好的展示要有层次性。

（三）展示

写作材料的展示包括词汇、语法、篇章等几个方面。

词汇展示要遵循"i+1"的原则。尤其是在高级阶段的写作课教学中，词汇教学需要围绕某一写作主题呈现学生头脑中已有的部分词汇，同时，出现一些略高于学生水平的词汇。这是因为，"i"部分的词汇学生已经基本掌握了发音、意义、语用等相关知识，因此，当教师提供语言材料之后，激活了学生的汉语词汇库，容易被学生纳入写作语言，从而减轻了思考的时间和负担。"1"部分的词汇主要目的是在课堂学习过程中，希望学生尝试使用的一部分词汇，这一过程在检验学生对于词汇理解程度方面也具有良好效果。如果词汇展示的难度过高，则学生在写作过程中可能采用回避策略，检验不到其习得效果；如果展示的词汇过于简单，则对学生整

---

① 陈作宏主编：《体验汉语写作教程（高级 1）》，高等教育出版社 2006 年版，第 15 页.

体语言水平的提高没有帮助。因此，需要把握好其中的度。

另外词汇展示要与语法教学相结合。

写作教学的语法展示尤其要突出语用目标，这是因为，书面语对于语言规范程度的要求高于口语。学生在写作过程中常常出现错误表达。

教师不仅要讲解词汇和语法的准确意义，更重要的是，讲解其使用的位置、语体和场合。要通过提供上下文语境较为充分的句子，明确词汇和语法的意义，也使学生明白其使用限制。

篇章展示是写作教学的常用方法之一，比如，在应用文写作时，"展示"是重要手段，学生可以通过对范文的阅读和理解，再根据个人情况进行内容的替换和结构的调整，完成写作。另外，篇章展示也不限于一篇文章，可以是几篇文章的对比和分析。例如，讨论关于"留学生活"的写作主题时，为学生提供两篇相同题材不同的写法，一篇是围绕生活经历展开的，一篇是按照时间的顺序展开的。还可以针对同一写作对象，展示不同文体的文章，让学生阅读比较之后，发现其中的差异并从文章不同的写法当中获得一些启示。

二、写作阶段

就写作阶段而言，写作课教学涉及课堂写作训练和课后写作练习，二者性质不同，也各有特点。课堂写作训练有如下特点：

（1）有时间限制，写作时间不宜过长；

（2）写作内容不宜过多，直接提供写作材料，减少学生思考时间；

（3）学生可查阅的资料有限；

（4）教师即时点评和反馈；

（5）可将写作成果与班级其他同学共同分享。

相反，课后写作没有时间限制，可供查阅和参考的资料较多，学生可以反复思考，写成之后还可以多次修改，教师的点评和反馈周期较长。因此，课堂写作训练和课后写作训练，在操作方法上也表现出不同特点。课堂写作训练可以是基于语言训练目的进行的写作，比如，为了让学生尝试叙述做事情的过程，要求学生用上"首先""其次""再次""最后"等连接词，提供一些具体情境。

写作阶段的教学三要有以下几种操作形式。

（一）听后写

尝试先让学生听一段录音。如听一个完整的故事，根据所听到的内容写成一篇文章，要求所写的内容具有完整性。写完后，再重听录音，对照自己所写的内容进行修改和完善。此方法的主要作用有两个，一是培养学生复述的能力，二是规范学生的语言运用。学生能够在听后复述故事内容，也可以改变叙述方式，进行转述。复述帮助学生加深对原文的印象和提高语用的准确度；转述可以帮助学生丰富语言表达形式，另外，也培养学生写作过程中对文章结构和内容的统筹规划能力。

听后写也可表现为对所听内容的扩展和评价，所听内容可以作为一种引导方式和评述对象。例如，听完关于"婚姻"的录音后，谈谈对丁克家庭的看法。

听后写还可以表现为对所听内容的续写，只播放故事的一部分内容，请学生完成故事的后续写作，要求写出故事的结局。

（二）说后写

说后写是写作教学过程中教师检验学生对学习内容掌握程度的一种常用手段。"说"是基于"写"的目的，同时，"说"的形式多种多样。

在课堂教学的过程中，学生"说"的受众是不同的。当教师的教学目的是对学生理解和运用知识点的考察，那么"说"的直接受众就是教师本人。当教师的教学目的是为学生提供范例，帮助学生将个体生活经历和情感表现通过语言表达出来时，那么受众可以是班级中的其他人，也可以是教师本人；当教师的教学目的转变为围绕某一核心主题，希望学生通过发散思维来完善写作框架时，那么"说"的最重要受众就是学生共同构成的群体。

（1）学习语法的过程中，教师可让学生先用所学语法讨论几个与现实生活相关的问题。让学生在"说"的过程中，体会语法项目的实用性。

（2）学习写作某一主题的内容时，"说"可以激发学生对该主题的一些思考和对自身观点的明确，教师可以要求学生在下笔写之前以小组讨论的方式，使学生分享个体经验。

（3）学生完成有限定性内容的写作时，教师可以通过学生集思广益的"说"，讨论写作过程中应包含的基本元素及安排。

当然，需要注意的是，"说"与"写"之间存在较大区别，教师需要在学生的写作过程中引导学生区分书面语和口语表达，以避免学生进入写作误区。

（三）读后写

读后写的基本程序是要求学生在阅读相关主题的范文后写作，阅读材料作为自身写作的参考，为写作语言和内容提供一些启示。

阅读材料可以作为仿写、改写、缩写、续写的对象。仿写要求学生在规定时间内阅读一篇文章，然后脱离阅读材料，通过自己对文章的记忆和理解，进行模仿表达。缩写与此类似，是根据原文的内容缩略写作，将字数控制在要求范围之内，保持内容的基本完整性。改写一般要求学生在阅读熟知的经典故事（如《龟兔赛跑》）以后发挥创造力和想象力，对已有的结果进行创造性的改编。续写与改写不同的是，续写的内容一般为教师只给出前半部分，提出事件发展的基本矛盾，然后要求学生阅读后继续完成后面的写作。

教师也可以将两篇不同的文章放在一起，让学生进行观察，比较其中写法的不同以及文章的优劣，从而增强学生对于文章的感悟和意识，提高其写作能力。

（四）看后写

"看"包括看地图、漫画、照片、视频短片、电影等，通过视觉上的直观刺激，使学生达到一些基本要求。如叙述去某个地方的基本路线；描述漫画中的故事情节；想象并分析照片中的人物关系；完整地将视频短片的主要内容改编成文字故事；介绍一部电影或者选取个人视角，描写电影带来的个体感受；讨论、评述某一现象产生的社会问题。

看后写带有一些独特性，学生要想把视觉体验转换为汉语表达，需要经过个体加工和筛选，因此教师在教学过程中需要引导学生抓住某一重点，避免漫无目的地写；同时，要对所写内容进行深度思考，将视觉带来的表层体验转化为个人对于问题本质的认知。

（五）做后写

做后写可以是不限于课堂之内的参观、活动体验，其形式相对前面四种而言，更加灵活，教师对于做的可控性也相对减弱。因此写作课堂内的做后写需要教师的指导。例如让学生通过采访的方式进行素材收集。将采访内容整理成访谈稿在课上汇报。除此之外，还可与自己国家不同人群的业余生活进行对比，如生活内容、心理状态等。最后将这些访谈和课堂讨论所得的资料整理和筛选，形成一篇完整的文章。

三、教师反馈阶段

教师对于学生作业的反馈包括书面反馈和口头反馈，书面反馈主要由作文批改和教师评语两部分组成。

在书面反馈方面，教师将学生的偏误内容勾画出来，并帮助改正，在反馈形式上体现规范性。同时，教师的评语常常是师生之间沟通和交流的重要途径。

教师在作文的批改之后，需要对学生习作进行整体评价，因此，教师的评语应该有不同的层面。从文章形式层面讲，教师可以对学生的构思、框架、语言等方面进行评价，并提出修改建议；从文章内容层面讲，教师可以表达自己的一些个人的感受和心情，拉近与学生之间的距离，使作文评语不仅仅是教师对学生写作的单向反馈，也成为教师与学生之间情感交流的良好平台。

口头反馈与书面反馈不同。口头反馈可以看作对书面反馈的补充和再说明。口头反馈包括两种基本形式，一种是教师对作文的课堂讲评；另一种是教师与个别学生的面谈。

在课堂讲评方面，教师需要注意的几个问题是：

对于范文的讲解和夸赞要在合理的范围内适时进行，避免对某一位学生进行过分表扬，而压抑了其他学生写作的积极性。

关注每位学生作文中的闪光点，这些闪光点可能表现为一个词（用得很地道），或者一句话（包括一些好的开头句、自然的过渡句和好的结尾句），或者一个段落，甚至一整篇内容。教师可以根据需要将学生习作的精彩之处汇集成篇，在每段之后标出学生的名字，并印发给全班进行欣赏和阅读。

除此之外，还可根据学生的写作主题总结学生使用的词句，进行一些专题类的介绍。比如，写作"我的好朋友"一文时，搜集学生描写人物性格、人物感情的词句；在几次写作训练结束之后，将学生使用的成语归纳为一个专题与全班同学共享等。

课堂写作讲评目的不仅仅是对好的语言进行表扬，更重要的是对学生出现的问题进行归类和分析，并有针对性地反馈给学生，以促进学生语言的进步。

在师生间的单独交流方面，比如，如果教师通过书面反馈对学生的习作修改提出合理建议后发现并未引起学生的相应重视，教师就需要与学生口头交流，以便了解学生对反馈信息的接受程度。再如，学生对一些范文的参考超出了合理借鉴的范畴，教师也需要与学生进行倾谈，了解现象产生的原因，并帮助学生克服写作困难。

教师反馈可以说是写作课教学中不可或缺的重要环节，但教师在实际操作时也需要控制好反馈的课堂比例，避免使学生的关注点过多地集中于反馈内容，增加学生的写作焦虑感和负担。

第四节　对外汉语写作教学实践

据有关调研资料显示，对于大多数留学生来说，"听、说、读、写、译"五项言语技能中，最困难的、掌握最差的是"写"。事实上也是如此，这也是很多留学生说汉语难，汉语写作更难的现实情况。即使是一些汉语听说能力不错的留学生在写作时也常常出错，其中有用词错误，也有语用错误。此外，还有一种普遍存在的超越句子的失误，就是说，就每个句子本身来看没问题或没什么大问题，但将这些句子排列组合成语段之后，就让人看着不顺，读起来也显得别扭。

在汉语写作中，留学生出现这类失误的情况很多，我们有必要对其加以分析和研究。本文通过运用篇章语言学的一些基本理论与方法对留学生汉语写作中的篇章失误进行以下分析，并从其中概括出一些关于写作教学篇章的思考和认识。

一、写作篇章的失误

篇章分析主要是分析超越句子平面的语言现象，比如句子的排列、句子间的语句衔接和语义连贯，篇章的结构、指向性、信息度等问题。这里就语句衔接与语义连贯两方面进行讨论。

（一）衔接问题

语句衔接是篇章的重要特征之一。它主要体现在篇章的表层结构上，一般通过使用照应、省略、替代等语法手段和关联词语、词的同现或复现关系等词汇手段来实现。在汉语篇章中，省略的运用率比较高，照应和替代所涉及的问题比较复杂，在留学生的作文中，省略、关联词和句式这三个方面的问题比较突出。

（1）省略不当

省略不当自然会造成语句松散或衔接生硬等问题。它主要包括该省略的地方没有省略、不该省略的地方却省略了这样两种情况。

（2）关联词语不当

作为连接成分，关联词语常常在篇章的衔接中发挥着重要作用。如使用不当必然会影响语句衔接以及语义的贯通。留学生在运用关联词上的失误主要表现在关联词的贫乏、滥用与错用。

（3）句式不一致

句式一致也是篇章衔接自然的一个方面。在汉语句式中，有主动句、被动句、兼语句、"的"句等，也有简单小句和带多种句法成分的复杂句。有些不同的句式可以表示基本相同的意思（语言学上的句式变体），因此运用汉语写作的过程从一定意义上讲就是选择句式的过程。句式的选择在篇章中不可能像单句中那样自由、随意，必然要受到篇章因素的制约，掌握起来难度较大，留学生在这方面的失误也就比较多。

（二）语义连贯问题

如果说语句衔接是篇章的有形网络，那么语义连贯则是篇章的无形网络，二者关系密切。衔接生硬的篇章，必然会影响语义的连贯，如上文谈及的省略不当、关联词错用等都会使篇章在语义上不够贯通。除了衔接关系外，篇章的连贯还必须考虑句与句之间意义上的联系。汉语作为一种分析型语言，词语的排列顺序（即语序）不同，往往表达的句意也不同；在篇章中，句子的排列顺序（句序）也会影响篇章的语义连贯，篇章不是句子杂乱无章的堆砌，而是围绕一定中心、遵循一定的规律组成的。留学生在汉语写作时多在用词和语法方面下工夫，对篇章句序却很少注意或无力顾及，于是就会写出这样的语段：从单句看几乎没有错误，从篇章看极为别扭。这主要是因为句子排列凌乱，不符合逻辑发展顺序造成的。

二、写作篇章的教学思考

（一）重视语段的写作训练

汉语写作课一般是对已学完汉语的基本语法、有了一定汉语基础的留学生开设的。但从留学生汉语写作的实际情况看，直接进入整篇写作对他们来说似乎操之过急，因此从语段开始训练比较合适。

（二）重视衔接与连贯的写作训练

留学生在写作中往往把注意力集中在遣词造句上，而对语句之间的衔接与语义的连贯不够重视或顾及不到，因而出现很多属于篇章方面的错误。这就要求教师将此作为写作教学的一个重要内容，从连接成分（特别是关联词语）在语段篇章中的正确并熟练的运用、承前蒙后的省略、句际之间语义上的贯通等方面，进行分步骤、有针对性的训练。训练的方法可以是用指定的连接词语写一段话或改写一段话（或熟悉的课文），也可以打乱一段话的句子顺序，让学生重新排列等等。在语段的训练之后，还可以进一步安排组段成篇的训练。在评改作文时，教师也要有意识地加强衔接与连贯方面的内容，而不是把重点放在用词、句法上。

（三）强调读写结合，以读促写

读是写的基础。这里的"读"除了一般意义上的文章阅读以外，主要指写作课上在教师指导下的、有针对性的范文阅读。选择优秀的范文，指导学生从写的角度去阅读，即看范文如何安排句序、连句成段、组段成篇，如何表达中心思想等，通过阅读和分析范文来训练留学生的汉语思维及汉语书面表达方式，学习、掌握汉语写作的方法，这样做一方面避免了纯粹写作理论指导的抽象与枯燥，另一方面也比较符合留学生汉语技能的习得心理。

第八章

对外汉语的计算机辅助教学

科学与技术是对外汉语教学的双翅，有了双翅，对外汉语教学才能获得飞跃。现代高新技术的发展为我们的研究创造了条件，提供了有利的保障。多媒体技术的应用已经成为时代发展的必然趋势。为了提高对外汉语教学的效率和质量，多媒体技术随着技术的进步——出现在对外汉语的教学过程中，引起了对外汉语教学模式、方法的全面变革。

第一节　对外汉语计算机辅助教学理论

一、对外汉语计算机辅助教学的基本类型

根据教学模式，可以将对外汉语计算机辅助教学分为以下几种类型。

（一）个别指导型

教授规则、评估学生的理解和提供应用的环境等都属于个别指导型。例如，母语为英语的学生，有时把"我在清华大学学习"说成"我学习在清华大学"，这时应告诉他们，在汉语里，介宾结构放在动词前做状语与

放在动词后做状语意义是不同的。

（二）对话与咨询型

允许学生与计算机之间进行限定性的"对话"。例如，使用《多媒体汉字字典》，可以从中查看每个汉字的笔顺书写过程，可以听到汉字的读音；可以按拼音、按部首检索到某个汉字。

（三）操练与练习型

这种类型主要包括编排题目、比较答案和登记分数，通常作为正常教学的补充。例如，最典型的应用是针对某一语法点或词汇而设计的机械性操练，像"这是一（　）熊猫。（A. 只 B. 个 C. 把）"的填空练习。最困难的应用是学生可以自由发挥的造句、写作或翻译练习，像"用…造句"。

（四）游戏型

创造一个带竞争性的学习环境，将游戏的内容和过程与教学目标相联系，也可以是在竞争的环境中进行。例如，在计算机上演示汉字的笔顺让学生判断正误时，如果正确，则学生可以听到该字的读音，看其古文字形，听中国民乐等。

（五）模拟型

用计算机模仿真实环境并加以控制。例如，提供在机场接人的场景，学生与计算机中的人物分别扮演一个角色，练习会话。

二、对外汉语计算机辅助教学的设计原则

（一）交互方式恰当

交互性代表了传统媒体和现代媒体间的根本区别，是计算机辅助教学的重要特征。它的作用应是使学习者能够融入所提供的学习环境。交互的关键是引导学习者主动参与各种学习活动。交互方式要简洁、明确。

（二）媒体素材的有效性

对外汉语计算机辅助教学中往往包含了一些图片、声音、动画、录像

等媒体素材，在语言教学中会起到积极的作用。但语言教学中的媒体素材并不是越多越好，也并不是越复杂越好。媒体素材的有效性包括：素材运用要恰当，不可滥用，以免喧宾夺主；素材的质量要符合教学要求，字体、音质、画质、录像要有一定的清晰度；运用素材的目的要明确，不能有二义性；文字解释要采取有效措施，尽可能做到易懂（如对比的手法、表格的形式），对初学者可以考虑使用母语进行解释；图标要直观，含义要明确，最好能提供在线帮助；解说速度适中等。

（三）内容正确、规范

对外汉语计算机辅助教学的内容可能包含文字、声音、图片、动画、录像等多种媒体。无论是哪种媒体都有其行业标准。例如，文字内容的标准是：表述通顺流畅，所使用的语言及格式应参照国家出版业相关的标准和规范；拼音标注要符合《汉语拼音方案》和《汉语拼音正词法基本规则》；汉字书写应依据《现代汉语常用字笔顺规范》；汉语发音要符合普通话标准；除涉及报刊、文化艺术方面的内容和标题外，一般不使用竖排。

三、对外汉语计算机辅助教学的影响因素

对外汉语计算机辅助教学的效果不仅有赖于课件的质量，也会受到来自于教师、学生以及教学环境等各方面因素的影响。因此，我们有必要对影响 CCAI 效果的各种因素（或称变量）进行考察和分析，其影响因素主要包括以下几方面。

（1）环境变量，包括 CCAI 课件的质量、社会的需求和认可度的使用环境。

（2）教师变量，包括教师对使用 CCAI 的态度和能力、采用的教学方法。

（3）学生变量，包括学生的学习动机、学习方法、使用计算机的能力。

第二节 对外汉语计算机辅助教学实践

一、多媒体对外汉语教材的制作

（一）制作多媒体教材的流程设计

"流程设计"是为了使所有参与多媒体教材制作的人员，都能够有目的、有计划地完成总系统下的各个子系统，并了解各子系统在总系统中的位置和相互关系。同时，流程设计可以让所有参与人员和使用人员更加了解制作过程，是不断提高制作水平的最好的优化和修改途径。

（二）多媒体教材的制作原则

"制作原则"是指在整个设计流程的具体操作中所必须遵守的基本规矩，也是科学地指导制作的准则。依据设计流程来阐释媒体课件的制作原则，可以使制作过程的每一环节的目标更加明确，亦便于补充和完善；事实上，任何事物的认识过程都是从实践到理论，再从理论到实践；由此，制作原则也应经过这样一个过程。

二、多媒体对外汉语课堂教学

（一）多媒体形式和对外汉语课堂教学

1. 媒体和媒体形式

媒体是记录、存储、传输、调节和呈现信息的所有材料、实物、设施和人的总称，即媒体是在传播者和接受者之间传递信息的人和物。用于教学的媒体，我们称之为教学媒体。比如，在传统的对外汉语课堂教学中，教材、挂图、照片、卡片、道具或模型，以及幻灯机、录音机、录像机、电视和教师等，都是教学媒体。使用教学媒体的目的是提高教学质量、缩短教学时间或扩大教育规模。不同的媒体所能传播和承载的信息类型是不同的。我们把媒体所能传播和承载的不同类型的信息称为媒体形式。如文字、图片或图表、录音、录像等，都是不同的媒体形式。每一种媒体和媒体形式都有其表达信息的优点和局限。

媒体随着现代科学技术的发展而不断地发展变化。语言教学在利用媒体方面经历了从传统媒体到现代媒体的转变，大致分三个阶段：黑板、粉笔阶段；音频、视频阶段；计算机、网络阶段。

现代媒体技术是以计算机和网络技术为基础的多媒体技术，它有三个基本特点：综合性，能集文本、图形、图像、声音、动画和视频图像等多种媒体形式于一体；跨时空性，能在瞬间置千里之外所发生的事件于课堂之上；智能性，能根据课堂进程来编排或剪辑内容，并自动控制教学进程。因此，我们可以认为，现代媒体技术对课堂教学的影响是以往任何媒体技术所不能比拟的。

2. 媒体形式在对外汉语课堂教学中的应用

对外汉语课堂教学与其他学科的教学是不同的，它需要人际间的交流，它包含跨文化因素，因此，在运用媒体形式时，应充分考虑到这些特点。

（1）对外汉语课堂教学中涉及师生间的跨文化交流

对外汉语课堂教学中，教师和学生有着不同的文化背景，这些背景可以通过人们对事物共同的认识和经验来沟通，这也是成人学习外语的特点，它不同于儿童学习外语，因为儿童学习外语时，其智力的发展与知识是同步增长的。依据心理学的理论，这种对事物的认识和跨文化的信息交流，有必要使用媒体形式辅助教学。比如，一个笑声或一个刹车声，一幅苹果的图片或一幅打电话的图片，都能以最快、最直接的方式表达目的和意义。

在教学中，我们要注意使用表达工具，着意构造出目的语文化环境，并借助各种媒体形式，使学生方便地从一种文化氛围，过渡到另一种文化氛围；从一种语言环境，过渡到另一种语言环境。

（2）对外汉语课堂教学中更需要师生间、学生间的言语交流，对外汉语课堂教学中的一切行为方式都是为语言学习服务的，教师的作用之一就是用规范的可懂输入与学生交流，这不同于其他学科的教学，如讲解化学变化时，教师边讲解边演示实验即可；又如，讲解某个历史事件时，讲解或播放史实录像即可。在对外汉语课堂教学中，教师既是语言技能和知识的传授者，也是学生使用目的语进行交流的首要对象。

对外汉语课堂教学中，教师的讲解重要，教师与学生的言语交流更重要，通过师生间和学生间的交流，创造了目的语小环境，并使学生从中获得了交际技能训练，即使是在目的语国家学习，课堂教学也是非常重要的环节。

（3）对外汉语课堂教学中人的因素和技术因素的关系

对外汉语课堂教学仍然是对外汉语教学的中心环节，它不应当被削弱，教师的作用依然是独到的、重要的；汉语课堂教学在跨文化交际方面，更需要多种媒体技术的辅助，使之更加完善，更加合理，具有更高的教学效率。问题是我们要把握好其中的关系，必须使技术的因素得到适当的控制，否则会适得其反。媒体形式应该为教师的语言作补充，而不是让教师解释媒体形式。课堂上使用媒体形式，不应该简单地将其罗列在一起，而应使教师、学生、教材、表达工具和表达方式构成一个系统。系统中的各个因素只有相互协调配合，才能使系统的功能大于各部分功能的总和。

总之，语言教学既需要一定媒体形式来构造语言环境，又离不开人的参与和控制。

3. 媒体形式在对外汉语课堂教学中的作用

依据心理学的理论，利用多种媒体比用单一媒体的教学效果更好，因此，我们应该根据媒体和媒体形式的特点，以及不同的教学目标、教学对象和学时等级，用不同的媒体和媒体形式表达事物及其特性，提供不同的感官刺激。

从以往的教学实践来看，各种媒体形式在对外汉语课堂教学中发挥了各自作用。从语言技能训练看，听力课上通常利用录音机播放录音来训练学生辨别、记忆、联想、概括、反应、模仿等能力，有时也利用录像进行教学，在看电视剧、电影这种相对真实语料的过程中培养听力能力；口语课上，用看图说话或给出提示让学生复述课文的方式训练口语能力；阅读课上，用图示的方法讲解文章结构、写作背景；写作课上，有时用看画写话或听后写的训练方法，有时用描述图片、连环画、电影、幻灯等训练方法。从语言知识教学看，语音课上，有时用发音部位图讲解发音部位或用吹动纸片来演示送气音；汉字课上，有时用图片解释字义，有时用色彩等方式勾画笔画、偏旁、部首、部件，有时也用看图识字的练习方式；词汇课上，有时用图片解释词义；语法课上，可以用公式或图表的方式分析句法结构，可以用图片的形式展示语义和语境；文化课上，常用的手段是看录像，通过看录像既可以了解知识文化，也可以了解语言文化，有时也用图片辅助讲解典故、成语。

（二）多媒体技术和对外汉语课堂教学

在常规的对外汉语课堂教学中，教学手段主要依靠黑板、粉笔和教师的教学语言。辅助的措施大致有两类：一是非电教手段，比如，教师准备的一些图片、教具、画了图或写了补充文字的小黑板、教师的辅助教学动作等；二是电教手段，比如，幻灯机、录音机、录像机等。教学手段与教学需求产生了矛盾，因此，传统教学媒体发展到现代媒体技术是非常必要的。而现代信息技术的迅速发展，也为此提供了性能越来越完善的硬件和软件配置。

多媒体技术应用于课堂教学，实际上是在原来已经构成的教学系统中增加了新的元素——多媒体课件，由此所形成的新的教学模式我们称之为多媒体教学模式。多媒体技术引发了对外汉语课堂教学的一系列变革，如教材、教师、学生和测试。

（1）教材形式的变化

传统的教材多是纸版本的，可印刷的媒体除了文字以外，只有图片；而且配套的教学资料（如录音带、录像带）多是相互狐立的，特别是教材中的文字解释，有时用词难，有时句式复杂，不易于为学生理解。多媒体教学模式下，除纸版本教材外，还有配套的电子教案（多媒体课件）。电子教案中，以全方位、立体化的和更接近于真实语言应用的方式呈现给学习者，无论从解释的形式上，还是从解释的内容上，都更接近于课堂用语，易于为学生理解。电子教案中还可以用超文本、超链接的方式组织教学内容，使教学内容在组织方式上更能体现人的认知方式和学习习惯。

（2）学生学习与复习方式的变化

传统的授课方式下，学生要专注地听教师的讲解，再与已有的知识和经验建立起联系，在感知、理解阶段经历的转换步骤更多一些，单一的手段不能唤起他们的积极性和注意力，多媒体教学模式下，学生在一种虚拟程度较高的语言教学环境中学习，容易集中注意力，容易产生积极的行为，如在多媒体技术创设的情境下，可以促进学生把所学语言知识和技能运用到新的情境中去。借助形象化的提示，可以缩短理解的时间，有利于语言表达，有助于记忆。

学生还可以把电子教案带回家，这样，学生就不必在课堂上花费时间和分散精力地记笔记，他们可以更专心地考虑教师的问题，并积极参与语言教学实践，且有更多的练习机会。由于重要的字词和典型的句式都可以显示在屏幕上，因此，避免了学生在不理解意思的情况下，机械地跟读或模仿。

（3）教师备课、授课方式的变化

传统的备课方式，教师的教案大多是手写的，不利于修改和改进，也不利于课堂上动态地变换内容。多媒体教学模式下，教师可通过各种方式寻找适宜的教学资源，如购买、交流、自制等，电子教案是灵活的、便于更新的、多媒体的，它能方便地把讲课用的大纲内容与辅助文字、图形、动画等相结合，构成色彩丰富、图文并茂的幻灯片，加上声音、动画等各种媒体信息，插入超链接，组成在计算机屏幕上显示用的电子演示教案。

传统的授课方式中，教师主要用口述和板书的方式授课。多媒体教学模式下的授课方式，是在有计算机技术支持的情形下进行的，节省了板书时间，教师可以把精力更加集中于组织教学；电子课件+多媒体技术的应用，可以增强直观性并体现交际性原则，提高语言教学的效率，同时它对保证教学质量起到了积极的作用。此时，教师的任务转向如何有效地控制教学进程，如何控制技术的因素与人的因素的关系，做到适时、适量、综合地使用多媒体技术和传统教学手段。教学模式的变化还要求教师能根据自己的特点，选择便捷的操作工具，掌握科学和规范的操作方法，了解教学环境，并具备一些处理硬件和软件方面随机事件的能力。

（4）测试方式的变化

语言测试是语言教学的一个重要环节。语言测试与语言理论，特别是语言教学理论密切相关。语言测试的方法和手段在现代科技的发展中也会发生变化，这就是多媒体语言测试。采用多媒体语言测试，不仅有可能更加真实地测量学生的语言水平，也可以为多媒体语言教学研究提供反馈信息。

以往，由于我们对多媒体测试缺乏研究，测试时无论是主观题型，还是客观题型都是以文字或声音的形式出现，难以更透彻地考查学生在真实语言交际中的语言运用能力，甚至有悖于交际教学法。为了顺利通过考试，教师和学生仍努力完成传统的练习题型，无形中使教学重回到结构法的老路上。

（三）多媒体汉语课堂教学中的主要问题

1. 没有相应设备

有关调查显示，若能提供相应的多媒体设备及配套的多媒体课件，绝大部分教师都希望尝试这一教学模式。他们反映，学校对于多媒体汉语课堂教学是持积极态度的。有的学校投入了大量的资金和设备用于建立多媒体语音实验室、多媒体教室，添置多媒体设备，还有的学校有专门的教师和研究人员正从事多媒体辅助汉语课堂教学研究。但是，也有一些学校存在着资金、设备不足的情况，教师想尝试应用，但学校不具备相应的条件；还有的教师认为领导认可，但没有实施计划。

2. 汉语教师对多媒体课堂教学存在一定的担忧

汉语教学经过几十年的探索，已经积累了一套比较成熟的、普遍适用的成功经验。在将多媒体技术应用于课堂教学的过程中，有的教师担心如果不能很好地把握技术手段使用的度和量，那么多媒体教学将产生副作用。比如，机械故障可能导致教学中断；课件的使用也许会分散学生的注意力，或者挫伤学生的主动性；使用课件要花费大量的时间来演示，减少了学生复述、反复练习口语的时间，起不到应有的教学效果。这些认识上和研究上的问题也是值得重视的。

3. 存在资源和操作方面的问题

汉语教学既具有高技术需求性，又具有弱技术相关性。由于许多汉语教师属文科知识背景，无论是计算机技能，还是机器设备操作上都有一定的局限。在调查过程中，只有少数教师每天都在使用计算机。在现代化机器设备面前，许多教师感到束手无策，因而回避使用多媒体技术；许多教师认为，花费在找电子资料上的时间太多，且效率低，影响了课件设计；另外，从世界范围来看，多媒体辅助语言教学仍处在起步阶段，语言的多媒体教学有其特殊性，如抽象概念不容易表达、课件设计缺少可参照模式、配套课件不易获得等，因此，也阻碍了推广和使用。这些问题如不及时解决，最终将会影响多媒体汉语课堂教学的发展和推进。

（四）多媒体汉语课堂教学的对策和建议

事实上，任何一种计算机辅助教学的效果都是与环境因素、教师因素和学生因素相关的。多媒体汉语课堂教学涉及多个学科的知识，仅以课件设计问题为例，它就涉及计算机人机界面学、人体工程学、色彩学、心理学、图形学以及板书设计等许多交叉学科的基本原理。因此，考虑多媒体汉语课堂教学问题，就要以综合的、发展的眼光来看待，努力探索并解决其中的问题。

1. 环境问题

多媒体汉语课堂教学的环境问题，除了领导层要加强重视、建设必需的多媒体教室、配备多媒体设备外，还要加强多媒体课件设计研究，提供课件设计的基本课型可参照模式，以减轻汉语教师制作课件的负担；建立对外汉语教学多媒体素材库，以减轻汉语教师寻找可用素材和重复劳动的问题。

2. 学生问题

多媒体汉语课堂教学的学生问题，除了考虑课型与媒体的关系外，还要考虑学生的语言能力与选择媒体的关系。因为，学习能力与教学处理相互作用方面的研究指出，教学效果随学生特点的不同而不同，采用同样的教学方法与教学手段，可能会因不同学生的不同特点而呈现不同的教学效果。阅读理解能力是学生所具有的一个可以把握的特点，对无阅读能力的学生，图片比言语表达能更迅速、更有效地传递学习内容。

3. 教师问题

多媒体汉语课堂教学的教师问题，除了要引导教师充分认识多媒体汉语教学的作用、掌握基本的信息技术处理能力外，还要组织教师积极参加交流和培训，不断地更新知识；努力掌握多媒体汉语课堂教学方法，以适应新形势下汉语教学任务的要求。

第九章

中国传统文化影响下的对外
汉语教师的素质培养

随着"汉语热"的升温，对外汉语教师的需求量急剧增加。有专家指出，未来对外汉语教学的主战场将由国内转向国外，国家将需要大量专业的对外汉语教师，而目前全国真正获得对外汉语教师资格证书的教师仅有6000人左右，可以说对外汉语教师在数量上和质量上都远远不能满足国家形势发展的需要。因此，如何尽快培养专业对外汉语教师就成了对外汉语教学研究的一项重要课题。

第一节　教师的发展类型

一、经验型教师

在传统教学中，教师是知识的传递者。韩愈把教师的职责归结为"传道、授业、解惑"。在这里，教师是绝对的权威和知识的源泉，教师的作用就是把书本中的知识挪到学生的大脑中，学生能在考试时回忆起这些知识。在这种思想影响下，教师普遍以向学生传授知识为己任，重视学生成绩的提高。在多年的教学实践中，已经把教学变成了一个标准化、规范化、程序化以及可预设、可控的一整套规范操作步骤。教师只要把这套"经验"学到手，就可以一辈子受用。

受这种思想的影响，在对外汉语教学领域，许多教师最终成了很好的经验型教师。例如，为了忠实地向学生传授课本知识，有些教师采取的教学方法也是多年一成不变的。他们五年、十年教一种课型，由于教材不变，考试题型不变，一切都在教师的"掌控"之中。教师上课只需拿着一本课本，上课的内容就是课本中的课文，"教案"就是课文空白处的"眉批"，多年来书不离手，而且是多年不变的一本书。就这样年复一年、日复一日地"辛勤"工作着，到了一定年龄成了一个"富有经验"的教师。然后再"师傅带徒弟"，一代代传下去，最后成了一个按部就班的"教书匠"。我们认为一个优秀的教师不在于他教了多少年的书，而在于他是否用心地教书。多年来的教学体制使一部分教师陷入了一种"教而不研""教而不思"的怪圈，严重阻碍了教师自身的专业发展。随着时代的发展、国家课程改革的深入，教师仅仅成为一个知识的传授者、一个"经验型教师"，已经不能适应时代的要求，教师以"专家"或"研究者"的角色出现在教育实践中已经成为一种必然的趋势。

二、专家型教师（研究型教师）

"专家"有广义和狭义之分，广义的专家是指在某个领域（或方面）有专长的人；狭义的专家特指"对某种学术、技能有特长的人"。每个专业、每个学科领域都有造诣精深的人，如被我们称为"语言学家""心理学家""经济学家"等各学科的专家，我们把他们泛称为"学科专家"。但是"学科专家"不等于"学科教学专家"，后者更注重使自己所擅长的学科知识能被学生所掌握和运用。因此我们这里所说的专家型教师是指具有某种学科教学专长的教师。

构成专家型教师的基本特征是什么呢？美国教学专家斯腾伯格指出，

专家型教师应具有以下特征：①将更多的知识运用于教学问题的解决；②解决教学问题的高效率；③富有洞察力。

根据斯腾伯格的观点，有学者进一步指出，专家型教师应该是：①有丰富的经过组织化的专门知识，并能有效运用。专家型教师在教学中能有效地运用自己的知识（包括学科知识和教育学知识）来解决问题；②能高效率地解决教学领域中的各种问题。由于专家型教师在某些技能方面已经程序化、自动化，这使得他们能够迅速且只需很少或无需认知努力便可完成多项活动，他们能将更多的精力集中于更高水平问题的解决上。另外，专家型教师在接触任务时由于具有广泛的知识经验，能对问题的解决方法进行相应的调整。例如，对于哪些问题能立即解决，哪些问题可进行尝试，哪些问题稍后解决等。③专家型教师善于创造性地解决问题，有很强的洞察力。专家型教师在教学中能够鉴别出有助于问题解决的信息，并能有效地将这些信息联系起来重新加以组织，新颖而恰当地解决问题。

目前在对外汉语教学领域，许多教师能做到在教学中注意总结自己和借鉴他人的课堂教学经验，逐步改进教学方法，成为教学熟手和经验型教师，但是离专家型教师还有一定的距离。许多教师一辈子兢兢业业地在教学一线辛勤耕作，但是最后没有成为专家型教师，这里的原因有很多，但是有几点是不容忽视的。

（1）认为对外汉语教学不难，尤其是初级阶段，词汇量和语法有限，多年来就教这些东西，对于母语是汉语的教师，教学是易如反掌的事情，教师无须掌握更多的知识。

（2）认为留学生都是成人，且大部分都是自费来学习的，该不该学习，努力到什么程度，他们自己能够决定，无需教师管理和要求，教师只要完成自己的教学任务即可。教师没有从教育学的高度来对学生进行培养，教育学、心理学、教学论等学科的知识欠缺。

（3）只注重教学经验的积累，缺少对教学过程的反思。许多教师可以成为经验丰富的教师，但是却成不了反思型、研究型的教师，很重要的原因是教师课下不作研究，没有科研意识和科研能力。

通过上面的研究和探讨，我们认为对外汉语教师要成为专家型教师，应具备以下这些特征。①有先进的教育理念，并能用此来指导教学实践。②具有坚实的学科知识，明确学科的知识体系、构成、发展脉络以及学科内部各知识之间的关系，能用自己的语言表达学科的基本内容，能成为该学科的学者和专家。③有精湛的教学技艺，并能不断地进行反思。④有较强的科研能力，善于开展教学科学研究，能成为研究者和反思者。

2007 年，国家汉办（国家汉语国际推广领导小组办公室）公布了《国际汉语教师标准》，对教师的综合素质有了明确的规定：教师应具备对自己教学进行反思的意识，具备基本的课堂研究能力，反思自己的教学实践和教学效果并据此改进教学；教师应具备自我发展的意识，能制订长期和短期的专业发展目标；教师应具备良好的心理素质，能应付教学过程中的突发事件，并在任何教学场合中，都能体现良好的职业道德素养。

鼓励教师从事教学研究是时代发展的必然。日益频繁且日见深刻的教育教学改革，使广大教师不得不经常面对新的教学思想、新的课程计划、新的教学方法和设施，这些变革既要求教师知识结构上的更新，也要求教师情感与技能上的适应，这就要求教师必须要从事教学研究，以跟上时代的步伐。这样，一种新的教师形象——专家型教师就出现了。这样的教师既是学科领域的专家，又是教育教学领域的专家；既是授业者，又是学习者。教师只有树立起学者和专家的形象，才能真正成为专业人员，受到社会的尊重。

苏霍姆林斯基是苏联伟大的教育家，也是专家型教师的典范。他几十年如一日，兢兢业业地工作在教学第一线，在工作的同时孜孜不倦地研究教育理论。他在《给教师的一百条建议》中写道教师"要天天看书，终身以书籍为友。这是一天也不断流的潺潺小溪，它充实着思想江河。阅读不是为了明天上课，而是出自本性的需求，出自对知识的渴求"。苏霍姆林斯基全面探讨了普通教育的各个领域，并从理论与实践的结合上研究教育问题，最终成为闻名世界的教育专家。

三、智慧型教师

近年来随着教师职业的发展，人们已经不再满足于专家型教师（研究型教师）的提法。有专家指出：虽然教师向专家型发展总体上是好的，但是有些教师在很多情况下把"专家"当成一种标签，为研究而研究，把研究作为目的，带有很强的功利性。另外，一些教师特别是一些青年教师，为了成为专家型教师，只注重理论研究，忽视教学实践，这种倾向不利于教师的成长和发展。随着时代的发展，人们又提出了"智慧型教师"这一概念，以期对教师专业发展进行新的诠释。

一般来说，一谈"智慧"人们就会想到"机智""敏锐"等词语。《现代汉语词典》解释为：智慧是"辨析判断、发明创造的能力"。从这一概念中我们可以看出，"智慧"是一个人综合素质的体现，而且最重要的是要有独创性和创新精神。中科院心理研究所张梅玲给"智慧"下的定义是："个人利用知识、技能和经验，以鲜明的个性色彩创造性地解决问题的综合素质。"朱小曼指出："教育智慧是优秀教师内在秉性、学识、情感、精神等个人独具的性格化的东西，在特定情境下向外的喷涌和投射。它常常表现为教师在处理教育情境时的自持、分寸感、敏锐和机智。教师可能事先无计划、未有预见、也不一定有规则和程序，但在特定的瞬间所表现出来的行为却是规范的、适宜的、流畅的、合理的。"

那么，何为智慧型教师呢？承上观点，智慧型教师就是指在现代教育活动中具有辨析判断、发明创造和主动适应等能力和能量的教师。具体说来，应当具有高智商和高情商，能在教学活动中开明开放、民主平等、竞争合作、自我反思、批判创新，既能把学生教聪明，又能使教师本人在教学活动中由必然王国走向自由王国。

怎样的教师才算是一个智慧型的教师呢？田慧生认为：智慧型教师主要表现为"教师对于教育教学工作的规律性把握、创造性驾驭和深刻洞悉、敏锐反应以及灵活机智应对的综合能力。"对规律的把握，不是一朝一夕可以做到的，要经过长期丰富的教学实践才能最终形成，它是教师对教学的一种深邃的理性认识，是智慧的最高表现。对复杂多变的教学情境能不能创造性地驾驭，是否有深刻的洞察力和敏锐的反应，也是体现智慧的一个很重要的方面。当教学出现突发事件，当具体的教学任务、目标、场景随着情况发生改变，教师能不能作出灵敏的反应、灵活机智的应对、恰当的现场调整，基本上能真实反映一个教师的实际智慧水平。

智慧型教师主要表现为在教育教学活动中的教育智慧，而教育智慧是教师长期教学实践、感悟、反思的结果，也是教师教育理念、知识素养、情感和价值观、教育机制、教学风格等多方面素质高度个性化的综合体现。智慧型教师和研究型教师有许多共同之处，但是智慧型教师具有更丰富的内涵和更高的目标指向，即在理论和实践的紧密结合中全面提升自身的教育智慧水平。因此，我们以"智慧型教师"这一概念来对教师的专业发展方向进行新的概括，将对教师的理论学养和综合实践素质提出更全面的要求。

四、对外汉语教师

吕必松在《关于对外汉语教师业务素质的几个问题》一文中指出，对外汉语教师要有不同的类型和层次，大体上可以分为以下几种：①能够胜任课堂教学工作的教师；②能够胜任多种教学任务的教师；③教学艺术高超的教师；④既能胜任教学工作，又能进行科学研究工作的教师；⑤科研能力特别强的教师；⑥能够兼任教学、科研的组织领导工作的教师；⑦能够受到特别欢迎和尊敬的教师。对不同类型和不同层次的对外汉语教师，在知识结构、素养要求上应当有所区别。

吕必松划分的七种类型，实际上可以归结为三大类，即能够胜任教学工作的教师、科研能力特别强的教师和既能胜任教学工作又能进行科学研究工作的教师。第一种我们称之为"教学型"教师，第二种我们称之为"研究型"教师，第三种是两者兼备的教师。

对外汉语教学界的确存在着"教学型教师"和"研究型教师"。有的教师上课认真，跟学生关系融洽，深受学生欢迎，但是不会进行科学研究，很少写论文。几十年来兢兢业业地工作，学生换了一届又一届，老师还是原地踏步，只是积累的经验越来越丰富，但是很少借鉴先进的理论和研究成果提升自己的教学实践，最终成了一个"教书匠"。还有的老师科研搞得很好，但是很少跟教学实践结合。科研和教学是两股劲儿，怎么也拧不到一起，结果是科研越搞越红火，上课应付了事。这两种教师都不是教师职业发展所追求的教师类型。

近年来随着国家高校改革的深入，进入高校的教师要有博士学位，至少也要有硕士学位，现在的教师队伍不缺少研究型教师，但是缺少教学和科研兼备的教师。随着时代的发展，我们认为对外汉语教师不能再以教学型或科研型作为自己的主要发展方向，而要以科研促进教学，以科研带动教学，以教学完善科研，以教学促进科研作为自己的发展方向，成为一名具有科研能力的教学专家，也就是"专家型教师"，进而成为一名"智慧型教师"。

第二节　对外汉语教师的智能储备

教师是教学活动的主体，在教学中发挥着主导作用。教师的知识结构、教学能力等都制约着教师主导作用的充分发挥。对外汉语教师应该具备什么样的知识结构、教学能力，直接关系到对外汉语教学的质量和效果。我们认为一名优秀的对外汉语教师，不仅要有合理的知识结构，还要有较强的教学能力，这些构成了一名优秀的对外汉语教师必备的专业智能储备。

一、合理的知识结构

（一）通晓所教的专业知识

教师首先要对学科的基础知识有广泛而准确的理解，熟练掌握相关的技能、技巧。这是因为教师只有对知识和技能有了准确熟练的掌握，才有可能花更多的精力去设计教学，才能在课堂上关注学生和教学的进展情况，而不是把注意力集中到"自己不要把知识讲错"的担心上。其次，教师要了解该学科目前的研究状况、最新研究成果，以及未来的发展趋势。具体来说，对外汉语教师要通晓下面一些专业知识。

1. 现代汉语知识

汉语教师要能理解、掌握并运用现代汉语的基本知识与基本技能，包括语音、词汇、语法和文字等方面的知识，以及听、说、读、写等技能，能将汉语知识与技能相结合并运用于教学实践。

2. 语言学知识

汉语教师的语言学知识包括普通语言学、社会语言学、心理语言学以及应用语言学中以语言学习理论和习得理论为主的语言学的基本理论和知识以及语言教学法等。

3. 文化知识

教师要能了解和掌握中国的国情、历史、文学艺术、传统文化以及当代中国政治经济等方面的知识，并将相关知识应用于教学实践，引起学习者对中国文化的兴趣。文化主要包括节日、饮食、风俗习惯、历史人物、宗教信仰、琴棋书画、戏曲、绘画、建筑、园林、中药、服装、茶酒、"一国两制"、教育、经济等。

教师除了具备相关的文化知识外，还要了解中外文化的主要差异，了解跨文化交际的主要概念以及文化、跨文化对语言教与学的影响，并能将上述理论和知识应用于实践。

4. 外语知识

对外汉语教师要有较强的外语知识和运用外语的能力。外语是教师和学生沟通的桥梁，也是教师确定教学重点、难点的依据，还是教师教学的辅助手段之一。因此对外汉语教师要具备外语的基本知识和基本技能以及综合运用这些知识和技能的能力。具体说来，教师要熟练掌握外语的语音、语调、词汇、语法、功能、话题、文化等方面的基本知识，并能综合运用听、说、读、写、译等能力进行交流。

（二）具备扎实的教学理论知识

从事语言教学必须掌握一定的教育理论知识，因为掌握必要的教育教学规律，能快速地提高教学质量和效率。著名特级教师魏书生说："我的教学不过是雕虫小技，只要认真学习教育理论，把教与学的规律搞清楚了，人人都可以有上百种方法把学生教好。教书育人涉及一系列有关教育学、心理学、哲学等理论方面的问题，越思考越觉得自己所面临的未知领域极其广阔、新奇，这更激励我潜心于教学实践与理论学习中，探讨教书育人的真知。"魏书生的成功经验告诉我们，教师的成功教学要以教育学、教学论和心理学作为学科的教学理论基础。具体说来，教育学如教育的属性、目的、功能，教育的对象、环境等；教学论如教学内容、过程、方法、原则、教学的组织形式等；教育心理学如知识的保持和遗忘，知识的掌握和迁移，学生的个别差异，学习的动机、情感、焦虑、人格因素等；认知心理学如感觉、知觉、注意、记忆的结构、短时记忆、长时记忆、问题解决等；心理语言学如语言和思维等。

二、较强的教学能力

教学能力是指教师运用教科书、其他有关教学材料或采用某种特定方式从事教学活动、实现教学目标的能力。教师的教学能力是教师进行教学的必备条件，一个教师应该具有哪些教学能力，目前学界众说不一。根据对外汉语教学的要求以及教师职业发展的趋向，我们认为对外汉语教师的教学能力主要有以下几个方面。

（一）加工和驾驭教学内容的能力

教师的教学并不是把书本内容简单地灌输给学生，而是要对教学内容进行必要的加工和处理，以便更好地适应学生的水平。一般来说，学生的认知水平与所要掌握的内容之间有一定的距离，教师的作用就是缩短这个距离。为了帮助学生更好地掌握教学内容，教师常常要根据学生的学习实际对教学内容进行加工处理，以使教学内容更便于教师操作和运用，也有助于学生更好地学习。例如，教师对教学内容的取舍、教学重点难点的确定、教学活动的安排、教学任务的设计等都应胸有成竹。

（二）胜任多种教学工作的能力

对外汉语教师不仅要能够胜任教学工作，而且还要能够担任其他跟教学有关的工作。如课程设计、教材编写、出练习题、编制考试试题等。教师如果参与课程设计就会清楚课程之间的衔接与配合，主要课程和辅助课程、必修课程与选修课程之间的关系，上课时更能体现课型的特点；教师如果参与教材编写，就会分析所用教材的特点在哪，作者编写的意图是什么，要达到什么样的目的，了解这些对于教师处理和加工教材更有针对性，也更有利于学生掌握教材；教师只有亲自出练习题，才能进一步明确教学的重点、难点在哪，在练习中怎样训练学生掌握这些重点、难点；教师只有参加考式试题的编制，才能更有效地得到反馈信息，以进一步提高教学质量。

（三）协调人际关系的能力

成功的教学取决于多项因素。其中，一个重要的因素是教师与学生之间的沟通质量。教师要懂得去与学生沟通，懂得去满足学生的需求，并引导学生懂得如何来满足教师的需求。师生之间要建立相互信任、尊重、接纳和理解的关系。教师要善于运用言语和非言语的手段来表达自己的看法，遇到具体情况能灵活应变，使师生关系朝着和谐、融洽、愉快的方向发展。

（四）对教学的控制能力

教师在教学过程中的控制能力是指教师在教学活动中始终占据主导地位，操纵教学活动按照预期的方向发展。教师对教学的控制能力包括三个方面的内容。

1. 对学生的控制

教师要善于了解和观察班级学生的思想动向和情绪变化，搞清班级的脉搏，对班级的情况作出准确的判断和分析，并在此基础上确定行之有效的措施。对学生的控制，不是监督学生、管制学生，而是掌握情况，因势利导，使教学朝着有利于学生学习和发展的方向进行。

2. 对自己的控制

教师要在学生面前保持最佳的状态，就要有控制自身心境、情绪和情感的能力。

3. 对情境的控制

教学活动是在一定的情境中进行的。情境由物理空间和社会气氛为主构成。物理空间表现为一定的环境和场景，社会气氛表现为师生之间、生生之间心理状态的相互碰撞。教师要善于利用现有的物理环境创设情境，以期增强教学效果；教师更要具备组织、协调各种人际关系的能力，努力创造和谐的氛围，使班级气氛和谐民主。

（五）运用现代技术的能力

以多媒体和网络技术为特征的信息技术的发展，给对外汉语教学带来了新的教学手段和方法。掌握和利用这一现代化手段是对外汉语教师又一必备的教学能力。教师不仅要具有恰当地使用现代技术的操作能力，如下载、上传、搜索、个人网页、博客、电子邮件、论坛、视频会议、防火墙等；而且还要有配合教学活动的实际制作能力，如能熟练运用常见的办公软件完成教学资料的编写和制作，能利用 PPT 等制作教学课件等。

（六）研究能力

教师不但要教好书，还要能搞好科研。许多优秀教师都是一边教学、一边实验、一边研究、一边著述，逐渐成为专家型教师的。教师要充分利用长期在教学第一线、对教材和学生深入了解、有着丰富教学经验的优势，学会在教学中发现问题，尤其是发现那些一般教师视而不见的问题，并学会抓住问题的实质，学会灵活运用教育科学的一般原理，解决实际教学中的问题。

总之，作为一名优秀教师，应该具备良好的口头表达能力、文字写作能力、信息搜集整理能力、科学研究能力、知识创新能力、社会交往能力、合作共事能力等。

第三节　对外汉语教师的基本素养

一、对外汉语教师的情感素养

情感，从生理学的角度来讲，是人体对外界刺激所产生的心理反应。行为科学认为，人的一切认知活动均是生理和心理相互作用的结果，缺少其一都是不完整的。任何活动都是在情感的影响下进行的。情感是维系和协调师生双边活动的纽带和桥梁，是教学活动的灵魂，直接影响着教学效果。对外汉语教学，由其教学对象决定了教师的情感应更丰富、更细腻、更得体、更有分寸感。主要表现为以下几个方面：

（一）真诚

教师对学生真诚的爱，既是教师良好心理素质的一种表现，也是一种重要的教育力量。有关研究表明，学生对教师情感方面的要求远远超过了对教师知识水平的要求。调查结果显示，学生最喜欢的教师所具备的特点前三项依次为：和蔼可亲、平易近人占 60.0%；热爱、了解学生占31.5%；活泼、开朗、善谈、热情占 31.6%。可见，教师对学生的爱是一种十分重要的教育力量，是其他教育因素所不能代替的。教师对待学生要真诚，要开诚布公，不虚伪行事，不趋附于人。

（二）移情

移情是指教师把自己主观的情感移入或灌输到知觉或想象的对象（学生）中去，而且意识到二者的完全合一。移情的意义在于能站在别人的立场上，设身处地为别人着想，用别人的眼睛来看这个世界，用别人的心来理解这个世界。能够意识到"我也会有这样的时候","我遇到这样的事情会怎么样"。

教学中教师要充分利用这种移情作用。

1. 教师对教材的移情

教师要对教材的内容深刻领会，结合自己的智能储备准确地理清教材的思路并对其进行判断，挖掘教材的思想含义和艺术特色，达到身临其境的感觉，这样在讲解课文时才能运用自如。

2. 教师对学生的移情

教师将自己置于学生的位置，准确观察、体验学生的情感，了解学生的认知策略和认识水平，设置相应的情境，进行有针对性的教学。

3. 教师对所教课程的移情

教师长时间教某门课程，往往会对这门课程产生浓厚的兴趣和特殊的感情。结果凡是遇到和自己所教学科有关的东西都能引发联想和对比，使之不断地加强对这门学科的认识和理解，课越上越得心应手，同时也会让学生越来越喜欢这门课程。

（三）非权势

教师在与学生交往中不要居高临下、盛气凌人，要有民主平等的思想，尊重课堂内每一个人。要建立一种和谐、融洽的师生关系。

（四）最大限度地宽容

宽容也是一种心理品质，是对待他人的利益、信念、信仰、行为习惯的一种友善态度。教师在教学过程中有时不可避免地与学生产生一些小摩擦，教师要学会最大限度地宽容，不断锤炼自己的性格，让爱永驻心间。

二、对外汉语教师的心理素养

教师良好的心理素养对学生的感染、教育、影响是十分深刻的。教学活动实质上是一种师生双方交往的过程，在这一交往过程中，需要教师具有良好的心理素养。

（一）教师要始终保持一种健康的心态

教师要积极、乐观、敬业，在教学中发自内心地爱学生、爱教学、爱工作，能从教学中体会到美感、愉悦感、成功感与崇高感，把教师的职业道德要求升华到完善自我品格、超脱情操的精神层面上来。

（二）教师要有良好的性格和坚强的意志

良好的性格特征能使教师在学生间具有强大的亲和力。学生会产生以教师为核心的心句，会产生巨大的凝聚力，使班级氛围和谐、融洽。意志品质对教师来说主要体现在坚定、果断、沉着、冷静、耐心、自信和自制中。其中，最关键的是耐心、自信和自制。有耐心才能说服学生，耐心是教师顺利地进行说服教育的保证。教师的自制则要求教师无论在何种情况下，都善于控制自己的情绪，掌握感情的平衡，正确把握对待学生的态度和行为。除了耐心和自制，教师还要有自信心。自信心是教师工作成功的基石，没有自信心的教师必然缺乏抗挫折能力与心理承受能力。更重要的是，一位对自己、对自己的教育对象缺乏自信的教师，是无论如何都培养不出具有自信心的学生群体的。

（三）教师要善于调节情绪

在教学过程中，由于教学的压力、学生的表现不尽如人意等，会使教师产生一些消极情绪，稍不注意就可能会影响教师的健康，更会折射到学生身上，造成负面影响。因此，教师要不断提高自己应对心理压力的能力，要善于调节情绪，克服焦虑。

三、对外汉语教师的人格素养

人格即个性，是指一个人的各项比较重要和相当持久的心理特征的总和，是个人在生理基础上，受到家庭、学校教育和社会环境等影响而逐步形成的气质、能力、兴趣和性格等心理特征的总和。教师的言行举动、人品格调、学识风范，无不成为学生的表率和楷模。教师为人师表，要有良好的人格素养。教师要热爱学生，有高尚的道德品质、渊博的专业知识、广泛的文化兴趣和高超的教育能力，从而真正赢得学生的爱戴，成为有威信、有人格魅力的好老师。

四、对外汉语教师的技能素养

（一）普通话

普通话是教师的职业语言，是教师必备的一种基本技能。尤其是对外汉语教师，普通话就显得更加重要。对外汉语教师要在一切教育教学活动中使用标准的普通话，要发音准确、口齿清楚，语速适中、语流流畅。

（二）电子计算机

随着电子时代的到来，计算机在教学中的运用越来越广泛，条件好的院校几乎每个教室都有电子计算机。作为一名在国内外任教的对外汉语教师，能熟练地操作和使用电子计算机是必备的一种基本技能。

计算机在教学中的运用早在 20 世纪 60 年代就开始了，经过几十年的研究和实践，越来越多的计算机技术运用于教学，并取得了较好的教学效果。因此，对外汉语教师要掌握这门技术。例如，对外汉语教师要能运用计算机综合处理文本、图形、图像、声音、动画、视频等多种媒体，更好地为教学服务。

（三）其他技能

对外汉语教师还要具备绘画、唱歌、书法、表演、体育、非语言运用等方面的能力。

第四节　对外汉语教师的角色意识

角色，可以理解为一个人在社会群体中的身份以及与其身份相适应的行为规范。在社会生活中，每一个人都有一种身份，处于一种位置或分担一份责任。例如，教师在学校中是教师的角色，在家里他可能是父亲（母亲）、丈夫（妻子）、儿子（女儿）等角色。

在学校里，教师是专门从事教育教学活动的人，这个角色要求教师不仅要教书，而且要育人。因此教师不仅仅是教书者一种角色，而是集多种角色于一身，具有多重身份。

一、"知识传授者"角色

教师的最基本角色是知识的传授者，但是在新的教学理念影响下，教师作为知识传授者的角色已经发生了根本的变化。

二、"领导者"角色

教师的身份和作用会使学生自然地听从于教师的命令和指挥，教师的"领导者"角色会在学生中自然形成。作为教师要会当"领导"：

（一）教师要有领导的品质

（1）公正

（2）以积极的态度工作

（3）有学识

（4）果断

（5）善于听人讲话

（6）以身作则

（7）尊重学生

（8）善于沟通

（9）不记仇

（10）对自身工作热心、投入

（二）教师要有领导技巧

（1）放手让学生做事，不包办代替

（2）鼓励学生自己开展活动

（3）选一个起核心作用的班长

（4）形成一种友爱、团结、自律的班风

三、"心理医生"角色

教师要提供一种能相互谅解和宽容的气氛，帮助学生减轻焦虑或紧张，帮助学生获得心理的满足，给学生以情感和心理方面的支持，这时需要教师扮演"心理医生"的角色。例如考试，教师在使用考试的频率和进行结果处理时要尽量减轻学生的心理压力。教师不要给学生制造压力，而应把学生从惧怕、胆怯、缺乏自信心以及自卑中解放出来。

四、"朋友"角色

在学生面前，教师还要扮演一个热情、平等、耐心、细腻的"朋友"角色，这是师生间带有感情色彩的一种交往形式，表现为教师对学生的喜爱、友好、宽容与理解。教师作为朋友不是完整意义上的私人朋友，而是一种制度化的支配和从属关系，是以公务情感为基础的朋友。因此教师不能过于热情地扮演朋友的角色，更不能为了取得学生的支持，而无原则地迁就学生，如对学生的过失采取容忍和不批评的态度等。教师作为学生的朋友时，不能忘了自己教师的身份。

五、"父母"角色

学生离开父母来到学校以后，自然地会把"家长"的一些特征迁移到教师身上。例如，请教师帮助出主意，教师是绝对的权威，只要教师说的都是对的，有些依赖感等。

教师要勇于承担起学生"父母"的角色，如帮助学生判断哪些行为是对的、哪些是错的等；要给学生真诚的、无私的爱，不仅要满足学生知识的需求，还应当以爱抚、温存、体贴来满足学生心理的需求。

但是，教师毕竟不是父母。教师在对学生进行关怀、爱护的同时，不能放弃严格要求。这就要求教师既扮演了父母温暖与关怀的角色，又扮演了一般父母所不具备的严格要求的角色。

六、学生学习热情的培养者

学习一种新的语言，不是所有学生都能很快适应一种新的语言体系和学习方法，有的学生学了一段时间以后，可能学习热情会减退，甚至放弃学习。教师要及时把握学生的学习心理，帮助学生树立学习外语（汉语）的信心。首先，教师要从自身的讲解中让学生体会到汉语并不难学；其次，要对不同的学生给予不同的适当期待，让他们感受成功、感受快乐；第三，要为学生营造一个宽松、愉悦的学习环境；第四，要帮助学生认识到学好汉语的意义。

七、教师的"榜样"作用

我们常说，身教胜于言教。教师是教育人的人，要成为学生的榜样。教师应该意识到自己的这种作用，要使自己的一言一行成为学生的表率。孔子曰："其身正，不令而行；其身不正，虽令不从"。作为学生的榜样，教师要成为一个自尊自爱、宽厚坚韧、乐观向上的人。

每位教师都希望自己受学生欢迎，这就要求教师正确分析和评价自己的角色。不断地调整自己的角色行为，以适应教学的发展需要。教师要积极学习，善于总结经验，熟练运用各种技能，调动各种情感，积极扮演一个成功的教师角色。

第五节　对外汉语教师要掌握的研究方法

方法是人们研究、认识和改造自然界、社会现象和精神现象的方式、手段的总和。方法既是研究的成果，又是研究的必要条件。研究方法的科学性、独特性和有效性，对一门学科的建立和发展是至关重要的。对外汉语教学要想不断提高自身的科学性，不断推进学科向前发展，就必须重视研究的方法，注重研究方法与科学性和可操作性。

翻开教育理论和教学论的书籍，对外汉语教学的研究方法有很多种，如历史研究法、调查研究法、文献法、经验总结法、比较法等。对外汉语教学在继承上述研究方法的同时，更应该立足于改进教学，吸收新的研究方法，推动对外汉语教学更快地向前发展。基于此，对外汉语教师应该重视下面一些方法的研究和应用。

一、实验法

实验法是在可控制的教育情景中，依据一定的理论假说，有目的地使一个变量（自变量）发生变化，并控制无关因素，观察记录其对另一个变量（因变量）所产生影响的一种研究方法。实验法的本质特点是控制变量和验证假说。也就是说，实验研究必须有假说，研究者根据假说进行精确的实验设计，然后进行实验。在实验的过程中，研究者要控制自变量和其他无关变量，最后对实验获得的数据和资料进行分析，对一些理论问题进行探讨并对假说进行检验。实验研究的结果表现为要么证实假说，要么证伪假说。

实验法的操作步骤：

（1）提出实验课题

（2）建立实验假说

（3）实验设计

（4）实验的实施

（5）资料的统计处理

（6）实验报告

有一名课程与教学论专业的研究生想通过实验的方法证明图式理论在初级汉语阅读教学中发生作用的时间以及是如何发生作用的。他的假设是：①汉语学习者在掌握了一定量的词汇和语法知识时才能达到内容图式和形式图式起作用的语言门槛。②内容图式和形式图式起作用的语言门槛是不同的，内容图式起作用的门槛低于形式图式起作用的门槛。③内容图式和形式图式起作用的门槛到达后，三种图式中仍然以语言图式对阅读的影响最大，内容图式次之，形式图式最小。

他的实验是在北京语言大学汉语进修学院进行的，采用"2x2x2"三因素设计，在 4 个平行班进行，每个班 15~17 人，被试者随机分班，时间为半年左右。随后得出了相关的实验结果，并对教学和教材编写提出了一些建议。

二、行动研究法

行动研究法是近年来在国外发展起来的一种教学理论研究方法。起源于 20 世纪 30 年代的美国，最开始是在社会领域，20 世纪 70 年代以来逐渐成为教育研究中的一个重要语汇。自 20 世纪 80 年代以来，教师行动研究逐渐风行于世界各地，我国也是在这一时期引入的。行动研究以解决实际问题为目的，研究在实际工作中进行。它是一种自下而上的研究方式，强调研究（者）与行动（者）的结合，倡导在行动中研究、在研究中行动。这意味着，作为实践者的教师不再是教育理论的被动接受者，而是教育理论的积极建构者；教师不只是纯粹的教育者，而且是真正的研究者，是集二者于一身的"教师研究者"或"研究型教师"。

教师的行动研究是指教师作为行动者和研究者，为了提高教学质量，在教学实践中，对自己的教学进行的反思性研究，其一般过程是：

（1）发现问题：主要是指教师在实际教学中遇到的问题。

（2）分析问题：即对问题予以界定，诊断其原因。

（3）确定解决问题的行动及其目标与过程：问题确定后，教师根据自己或其他教师的经验，根据一定的教育理论，凭借自己对问题的理解，设计出解决问题的行动步骤，明确这些行动步骤所要达到的目标。

（4）收集资料：应用有关的方法，如观察法、问卷调查法、访谈法、测验法等对行动做记录，收集证据以确认目标实现到什么程度。

（5）批评与修正：凭借行动中提供的事实材料来判断、修正原计划中的缺失。有可能第一次确定的行动方法在实践中证明是不正确的，或者有了更好的解决办法，这时可能需要重新修正对问题的界定和行动计划。

（6）试行与检验：着手实行计划，并在试行之后仍要收集证据，以考验假设，改进现状，直至能够有效地消除困难和解决问题。

（7）撰写研究报告：根据研究结果写出完整的报告。

随着研究的深入，行动研究体现出两种研究类型：一种是指导实践型，即教育研究专家和教师合作，专家主要作为"咨询者"和"指导者"，帮助教师设计假设、计划行动、实施研究、评价过程和结果。另一种是独立型，即教师通过自身批判性的思考，对教学中的问题采取相应的行动。这种研究也需要合作，即教师之间的合作。教师可根据自己的实际情况选择一种类型进行研究。

下面是一位课程与教学论专业的研究生撰写的硕士论文，题目是《通过行动研究提高听力教学的效果》，具体研究步骤如下：①发现问题：学生对听力课普遍兴趣不高。②设想解决问题的办法：用游戏法来提高学生对听力课的兴趣。③在教学中实施：在听力课中穿插不同的游戏。④调查并收集数据对实际教学效果进行评估：通过感受、观察、访谈、问卷等方法发现，学生普遍觉得游戏有趣，也看得到老师的努力，出勤方面、兴趣方面有所改善，但收效甚微。有不少学生反映，他们并不喜欢这种游戏，因为他们是成人，而且他们千里迢迢来中国是为了学习，而不是玩这种幼稚的游戏。⑤在评估的基础上发现新的问题，准备下一个问题的研究：在这个基础上，换用形成性评估的方法来提高学生对听力课的兴趣。⑥再进行评估。⑦撰写研究报告：学生对听力课教学兴趣增加。

三、叙事研究法

所谓叙事研究（narrative research），就是讲述故事，讲述叙事者过去或现在亲历的生活故事。这种研究方法，是 20 世纪 80 年代由加拿大的几位课程学者倡导的，在西方也不过几十年的时间，在我国则是刚刚起步。教育叙事研究不直接定义教育是什么，也不直接规定教育应该怎么做，它只是让读者从故事中体验教育是什么或应该怎么做。它的最大意义在于真正使教师成为研究的主体。如果说实验研究侧重于教育事实的发现，行动研究侧重于教育问题的解决，那么叙事研究侧重的则是教育经验或意义的反思和理解。从这一角度看，教育叙事预示着一种由外而内的转化。教育叙事的目的在于促使叙事者通过叙述个人或他人的教育经验，不断反思个人在教育时空中的生存状况，追寻个人教育生活的价值和意义。

叙事研究的等点在于：①叙述的故事是已经过去或正在发生的教育事件。它所报告的内容是实际发生的教育事件，而不是教师的主观想象。②叙述的故事中包含有与事件密切相关的具体人物。教育叙事特别关注教师的亲身经历，不又把教师置于事件的场景之中，而且注重对学生的行为作出解释和合理说明。③叙述的故事具有一定的情节，叙事谈论的是特别的人、特别的冲突和问题，或使生活变得复杂的任何东西，所以叙事不是记流水账，而是记述有情节、有意义的相对完整的故事。

教育叙事研究写作中要注意的事项包括：

（1）观察访谈并重，多向收集资料

教育叙事的写作离不开丰富的素材和详细的原始资料，而这些资料的收集通常采取观察、访谈和问卷等方法。教师撰写教育叙事报告离不开大量的第一手材料，这里还包括教师的"研究日志"，为学生整理的"档案袋"等。

（2）以故事为主线，展示真实自我

教师在叙事过程中应该有一个明确的主题，这个主题应该体现相关的教育教学理念。另外，教师在讲故事的时候还要展示真实的自我，这样才会使讲述的故事生动形象、富有感染力，才能打动读者的心，引起读者的共鸣。

（3）直面事件本身，注意事件细节

教育叙事所叙之事就是教师自己和学生之间的教学事件和生活事件，事件在教育叙事报告中有着重要的地位，发挥着不可替代的作用。在撰写时，就是用"事件"来说话，夹讲故事。

在对事件进行讲述的过程中，还要注意对细节部分的精雕细刻，因为细节不仅能使读者了解故事的来龙去脉，还能提供给读者隐藏在由细节组成的画面之中的潜在含义。这也需要教师拥有高超的写作技巧，能将教育事件和事件细节组织成有意义的"教育叙事"。

（4）叙事兼以分析，描写兼顾阐释

教育叙事当然以叙事为主，但是对所叙之事进行分析和解释，也是必不可少的。教育叙事报告既要有对故事细致入微的描述，还要有洞悉教育事件的深刻阐释；既要把日常的教育现象详尽地展现在读者面前，又要解析隐藏在教育现象背后的教育本质，使平凡的教育故事蕴藏着不平凡的教育智慧。

四、个案研究法

个案研究（case study）是以一个典型的事例或人物为具体的研究对象，对其人其事进行全面系统的调查研究。个案研究可以是个例（个人、机构、团体），也可以是事件。个案研究有三种类型：第一种是以理论探求和理论验证为目的的个案研究；第二种是故事讲述——图画描绘的个案研究，叙述和描写那些有趣的、值得仔细分析的教育事件、方案、计划、章程和制度；第三种是评价型个案研究，对教育事件、方案、计划、章程和制度进行分析，判断其价值。

个案研究的基本特征是：

（1）通过聚焦特别的事例来研究一种现象。

（2）对每一个事例进行深入研究。一项个案研究包括了一个有关特例的大量资料汇集，主要是文字陈述、影像、实物等。访谈、观察、实物分析等方法也要运用，也要用一些定量资料。

（3）研究在自然背景下的现象，包括田野工作。

（4）呈现研究者和被研究者的观点。通过访谈和现场观察，了解被研究者的观点。

个案研究的目的在于描述、解释和评价。描述是对某一事物或现象进行清晰地刻画和描述，提供一系列用来再创情境和内容的陈述；解释是对某些特殊现象进行解释，研究者在现象中寻找模式；评价是为决策者和实践者提供信息，帮助他们判断、决策。

个案研究在语言教学研究领域被广泛采用，近年来，在对外汉语教学研究领域也有一些专家学者使用个案研究的方法进行研究。

行动研究、叙事研究和个案研究都是目前社会科学中日益兴起的质的研究（qualitative research）的主要表现形式。这些研究是以研究者本人为研究工具，在自然情境下采取实地体验、开放性访谈、参与性和非参与性观察、文献分析和个案调查等多种资料收集方法，对教育教学现象进行整体性探究，使用归纳法分析资料和形成理论，通过与研究对象互动对其行为和意义建构获得解释性的一种活动。质的研究并不是演绎出一般规律，而在于描写个案。研究者对研究对象和研究背景不加以控制和操纵，强调自然观察。它是一种自下而上的研究，适合边教学、边研究、边解决实际问题的一线教师操作。

后 记

新中国的对外汉语教学已经有几十年的历史，曾经有许多先行者筚路蓝缕，孜孜以求。它作为国家和民族的事业得到了众多前辈学者的支持和鼓励。王力先生曾为这个专业题词："对外汉语教学是一门科学。"何九盈先生也强调："对外汉语教学是一门独立的学科，这个学科要有国际视野，要有历史视角，要有跨学科意识，要有时代精神。"但同时这个学科还是一个很年轻的学科，需要更多的人在这个园地里辛勤耕耘，需要更多地得到学界的关心和理解，需要在继承中发展在发展中进步、在进步中成熟。陆俭明先生曾经说过："对外汉语教学就是要研究怎么样在最短的时间里让学生掌握汉语。"而这是最直接的目标。为了实现这一目标，我们要从汉语本身、教学方法、学习者习得过程和教学手段等方面着手进行深入细致的研究。

该书是一本"难产"的书，编纂工作甚是困难，编纂期间编者一度想要放弃，但是最后还是咬牙坚持下来了。在此要感谢家人和同事的陪伴与帮助，是他们让我有了坚持下来的动力。近年来，我国的对外汉语教学事业获得了蓬勃发展，汉语快速走向世界，希望本书能为我国的对外汉语教学工作贡献力量，为一线教学培养出更多既掌握汉语知识，又具有中华文化底蕴、懂得教育规律和教学技巧的对外汉语教学工作者。

参考文献

[1] 段仲阳．浅析中西教育差异与对外汉语教学［J］.校园英语，2020：10-10.

[2] 姜兵，魏雪峰，韩霞．中国传统文化读本［M］.成都：电子科技大学出版社，2017.

[3] 向秀清．中国传统文化与艺术欣赏［M］.重庆：重庆大学出版社，2018.

[4] 苟琳．溯洄中国传统文化之旅［M］.上海：上海社会科学院出版社，2017.

[5] 陈瑶．情景教学在对外汉语教学中的运用［J］.花炮科技与市场，2020：145-145.

[6] 周小兵．对外汉语教学入门［M］.广州：中山大学出版社，2019.

[7] 张艳华．对外汉语教学法［M］.北京：高等教育出版社，2019.

[8] 刘巍．对外英语教学理论与实务［M］.北京：清华大学出版社，2017.

[9] 李泉．新时代对外汉语教学研究：取向与问题［J］.语言教学与研究，2020：1-10.

[10] 安玉香．对外汉语教学的多角度研究［M］.中国书籍出版社，2014.

[11] 崔希亮．对外汉语综合课优秀教案集［M］.北京：北京语言大学

出版社，2010.

[12] 李增吉 . 汉语高级写作教程（上）[M]. 北京：北京大学出版社，2007：1-16.

[13] 李增吉 . 汉语高级写作教程（下）[M]. 北京：北京大学出版社，2007：1-19.

[14] 王 . 语言测试概论 [M]. 北京：北京语言大学出版社，2011：268-280.

[15] 唐秀伟，赵丽娟 . 对外汉语教学成语误用解析及教学策略探讨 [J]. 齐齐哈尔大学学报：哲学社会科学版，2020：171-173.

[16] 陈武英 . 语言焦虑的研究综述 [M]，江苏教育学院报，2007（1）.

[17] 程棠，对外汉语教学目的原则方法 [M]. 北京：华语教学出版社，2000.

[18] 崔希亮语言理解与认知 [M]. 北京：语言文化大学出版社，2001.

[19] 戴维·克里斯特尔 . 现代语言学词典 [M]. 4 版 . 沈家煊，译 . 北京：商务印书馆，2000.

[20] 桂诗春应用语言学 [M]. 长沙：湖南教育出版社，1988.

[21] 国家对外汉语教学领导小组办公室高等学校外国留学生汉语教学大纲（长期进修）[M]. 北京：北京语言文化大学出版社，2002.

[22] 国家对外汉语教学领导小组办公室高等学校外国留学生汉语言专业教学大纲 [M]. 北京：北京语言文化大学出版社，2002.

[23] 国家汉语国际推广领导小组办公室国际汉语教师标准 [M]. 北京：外语教学与研究出版社，2007.

[24] 胡文仲 . 跨文化交际学概论 [M]. 北京外语教学与研究出版社，2003.

[25] 李晓琪 . 等 . 英语日语汉语第二语言教学学科研究 [M]. 北京：中国大百科全书出版社，2002.

[26] 陈田顺 . 对外汉语教学中高级阶段课程规范 [M]，北京：北京语

言文化大学出版社，1999.

[27] 国家对化大学出办公室，高等学校外国留学生汉语教学大纲（长期进修）［M］. 北京：北京语言文化大学出版社，2002.

[28] 国家对外汉语教学领导小组办公室汉语水平考试部，汉语水平等级标准与语法等级大纲［M］北京：高等教育出版社，1996.

[29] 崔永华，杨寄洲. 对外汉语课堂教学技巧［M］. 北京：北京语言文化大学出版社，1997.

[30] 金立鑫. "把"字句的句法、语义、语境特征［M］. 中国语文，1997（6）.

[21] 刘珣. 对外汉语教学概论［M］. 北京：北京语言文化大学出版社，1997.

[32] 刘月华，等. 实用现代汉语语法［M］北京：外语教学与研究出版社，1983.

[33] 卢福波. 对外汉语数学实用语法 M］，北京：北京语言学院出版社，1996.

[34] 吕必松. 对外汉语教学概论（讲义）「M］. 北京：国家对外汉语教师资格审查委员会办公室，1996.

[35] 吕叔湘. 现代汉语八百词［M］. 北京：商务印书馆，1984.

[36] 吕文华. "被"字句和意义被动句的教学构想［J. 语言教学与研究，2013（2）.

[37] 屈承熹，潘文国. 汉语篇章语法［M］北京：北京语言大学出版社，2006.

[38] 盛炎. 语言教学原理［M］，重庆：重庆出版社，1990.

[39] 王钟华. 对外汉语教学初级阶段课程规范［M］. 京：北京语言文化大学出版社，1999.

[40] 赵新，李英. 中级精读教材的分析与评估［］，语言文字应用，2006（2）.

[41] 赵新. 李英. 中级汉语精读教程［M］. 北京：北京大学出版社，2008.